PETITE BIBLIOTHÈQUE

DE

CULTURE GÉNÉRALE

La Bibliothèque « Cosmos » a pour objet de permettre à chacun, par la lecture d'un seul petit ouvrage, de se faire une idée exacte des questions qui forment une science. A cet effet, la rédaction des volumes de la Collection Cosmos a été confiée, non à des spécialistes de la vulgarisation scientifique, mais à des savants, qui ont su, sans se départir d'un esprit hautement scientifique, rester accessible à tous. La Collection Cosmos n'exige du lecteur aucune connaissance spéciale préalable et s'adresse à tous ceux, sans distinction, qui veulent ne pas être étrangers aux choses de l'intelligence. On trouvera dans les petits livres qu'elle réunit un moyen commode d'acquérir, — et d'entretenir, — ces clartés de tout qui, aujourd'hui plus que jamais, sont le complément indispensable de l'éducation. L'étudiant y aura recours au début pour embrasser d'un coup d'œil la matière qu'il se propose d'approfondir : on a souvent recommandé cette vue de l'ensemble précédant l'examen attentif du détail. Le spécialiste même s'y intéressera par curiosité de connaître ce qu'on a pu exposer d'une science en si peu de pages.

Aux amis, aux conseillers de la jeunesse, il convient pareillement de signaler la Bibliothèque « Cosmos », qui mérite, à tous égards, de retenir leur attention. En faisant connaître dans les milieux auxquels va leur sollicitude les petits ouvrages clairs, précis et fortement pensés dont elle se compose, ils contribueront à y développer ce goût du savoir, qui est une source de grandeur pour un peuple.

CHARLES GIDE

PROFESSEUR AU COLLÈGE DE FRANCE
PROFESSEUR HONORAIRE A LA FACULTÉ DE DROIT DE PARIS

PREMIÈRES NOTIONS
D'ÉCONOMIE POLITIQUE

ALBIN MICHEL, EDITEUR
PARIS - 22, RUE HUYGHENS, 22 - PARIS

AVANT-PROPOS

En écrivant ce petit livre nous ne nous sommes point proposé de donner un résumé de la science économique, ni moins encore de rédiger un memento pour les étudiants — mais, nous adressant à ceux qui n'ont jamais étudié l'Economie politique, nous voudrions simplement éveiller en eux le désir de l'apprendre.

On ne trouvera donc ici presque point de définitions, ni de discussions, ni d'exposé des questions actuelles, mais seulement quelques aperçus sur les origines et l'évolution des notions sociologiques primordiales — une douzaine tout au plus qui constituent la trame de l'Economie politique — comment elles se sont peu à peu formées dans les esprits et réalisées dans les institutions.

CHARLES GIDE.

CHAPITRE PREMIER

LES BESOINS ET LE TRAVAIL

Dans la nouvelle génération, celle qui revient de la guerre et celle qui n'y est pas encore allée, il y a une grande avidité de s'instruire — tout au moins dans les questions pratiques, car peut-être pourrait-on constater avec regret qu'il y a plutôt une certaine indifférence pour la culture générale et pour les questions théoriques.

Comme l'indique son titre, ce petit livre n'a d'autre prétention que de donner des notions primaires d'économie politique. Il semble qu'elles soient plus faciles à acquérir quand il s'agit de science économique que de toute autre science, parce que les faits économiques sont ceux qui nous touchent de plus près et qui sont entremêlés à la trame quotidienne de notre vie.

Pourtant tel n'est pas le cas. Les faits économiques ont été tellement enchevêtrés par l'évolution qu'ils forment aujourd'hui un écheveau dans lequel il est extrêmement difficile de découvrir le bout du fil pour le dérouler. Pour cela, la meilleure méthode à suivre c'est de remonter à l'origine première de ces notions économiques.

On a souvent l'habitude, pour expliquer l'économie politique, de reprendre l'histoire de Robinson. Et quoique certains économistes ou autres se moquent de ce qu'ils appellent les Robinsonades, elles ne sont certainement pas à dédaigner quand il s'agit de découvrir l'action spéciale de telle ou telle cause. C'est une façon de remplacer l'expérimentation qui a donné de si merveilleux résultats dans les sciences physiques ou naturelles, mais qui est impossible dans les sciences sociales. Ainsi nous pratiquons une expérience, non pas réelle, mais imaginaire. Nous prenons un homme, nous le mettons dans une île, seul, et nous cherchons comment il se comportera.

Mais quand il s'agit de remonter à l'origine des

phénomènes économiques, l'île de Robinson ne nous enseignera pas grand'chose, car Robinson n'était pas du tout un primitif. Il apportait dans son île toutes ses connaissances acquises, de vraies richesses intellectuelles, et même beaucoup de richesses positives qu'il avait sauvées du naufrage.

Peut-être les enfants — les petits enfants — pourraient-ils mieux nous instruire. La psychologie enfantine pourrait être extrêmement utile pour élucider certains phénomènes économiques et je crois qu'on a eu tort de négliger de l'étudier à ce point de vue. Néanmoins le petit enfant se trouve, lui aussi, dans des conditions aussi factices, quoique à l'inverse, que celles de Robinson. Car on peut dire que c'est un parasite, un amour de parasite si vous voulez, mais tout de même il se trouve bien dans la situation que ce mot exprime; il reçoit tout et ne donne rien en échange, que son sourire ou ses baisers, ce qui, dans l'ordre économique, est insuffisant.

Cherchons ailleurs : il y a les animaux. C'est chez eux que nous trouverons les premiers germes des phénomènes économiques et même des lois économiques qui gouvernent les hommes, car l'économie politique a bien ses racines dans la biologie : c'est un des chapitres de l'histoire naturelle, celle du genre *homo.*

LES BESOINS Nous trouvons chez tous les animaux des besoins : or, c'est ici le point de départ de toute l'économie politique. Chez les animaux ces besoins ne sont pas très nombreux, ils se réduisent même à deux : le besoin d'alimentation, qui tient presque l'unique place dans leur vie, et aussi, ne l'oublions pas, le besoin du logement. C'est le Christ qui a dit lui-même : les renards ont des tanières et les oiseaux ont des nids. Il n'y a pas d'animal, en effet, qui n'ait un domicile, si modeste soit-il, mais qui répond à ses besoins.

Et ne faisons pas les fiers, car ce sont ces mêmes besoins qui tiennent la plus grande place dans la vie de l'homme. Si vous prenez les budgets des familles ouvrières, vous constaterez que l'alimentation représente les deux tiers à peu près du budget — de 60 à 65 % suivant qu'il s'agit d'une famille plus ou moins riche. Le logement absorbait naguère 15 à 16 % (et demain combien plus!) du budget de la famille ouvrière, en sorte que les deux réunis représentent 80 %, peut-être 90 % du budget des classes ouvrières. Que leur reste-t-il pour tous les autres besoins qui élèvent l'homme au-dessus de l'animal ?

Naturellement, chez les animaux, le besoin du vêtement n'existe pas. Ils n'en ont que faire, puisque la nature y a pourvu et qu'elle les a habillés magnifiquement, si magnifiquement même que c'est nous, les hommes (et les dames surtout) qui vivons des défroques du monde animal, de leur peau, de leur laine, de leur fourrure, de leurs plumes et de leurs vieilles dents (que nous nommons ivoire), enfin de tout ce qu'ils ont porté durant leur vie.

Pourtant il semble, quand on y regarde de près, qu'il y ait déjà, chez les animaux, certains besoins esthétiques, car il y a certaines espèces qui se plaisent aux objets brillants. Il y a une perdrix en Asie qui se fait des décorations d'appartements en suspendant aux arbres qui l'entourent les verroteries qu'elle peut trouver. Et ce qui est bien digne de remarque, c'est que ce besoin de la parure, qui semblerait ne devoir venir qu'au dernier terme de l'évolution, apparaît dans l'histoire de l'espèce humaine tout de suite après l'alimentation et le logement, et avant le vêtement, car chez les sauvages, on se préoccupe de parure avant de songer à s'habiller et on peut même dire qu'ils ne s'habillent que pour « se faire beaux ».

Voilà les besoins des animaux; quoiqu'ils suffisent à remplir leur vie, ils sont bien réduits. Faut-il en tirer une leçon pour nous et dire que les hommes aussi devraient réduire leurs besoins au minimum? C'est un sujet de méditation qui dépasserait de beaucoup les limites de cet opuscule. Bornons-nous à mettre en garde contre un malentendu. Certes, « la vie simple » n'est pas seulement un idéal moral, elle est aussi, tout spécialement à l'heure actuelle, un devoir économique impérieux. Mais gardez-vous de voir dans cette recommandation de la vie simple un conseil de retourner à la vie animale en réduisant nos besoins à ceux de l'alimentation et du logement! Vivre simplement, ce n'est pas consacrer toute notre vie à nous occuper de notre table et de notre appartement! C'est tout au contraire réduire au minimum ces besoins animaux, surtout le premier, et les remplacer par des besoins d'un ordre supérieur, intellectuels et moraux, qui n'exigent pas de grandes dépenses ni

un grand luxe, mais peuvent mieux remplir la vie.
La vie simple, ce n'est pas supprimer le luxe; c'est
remplacer le luxe matériel par le luxe spirituel, et
ceci n'a aucun rapport avec l'économie des animaux.

TRAVAIL   Maintenant, voyons comment les animaux satisfont à leurs besoins. Est-ce par le travail?
Pas tous, car on ne saurait le dire des herbivores par
exemple : brouter n'est pas travailler. Pourtant on
peut bien dire que ceux qui vivent de graines, de
baies ou de racines, et qui doivent fureter un peu
partout pour faire une cueillette fructueuse, travaillent. En tout cas, il faut le dire des espèces
carnivores : elles travaillent au sens exact du mot.
Toute leur vie est remplie par la chasse ou la pêche,
qui sont bien des travaux, et même des travaux exi-
geant des efforts physiques énormes. Et l'espèce
humaine durant des millénaires n'en a guère pratiqué d'autres que ces trois-là : cueillette, chasse et
pêche.

Si nous passons de l'alimentation au logement,
nous voyons que chez les animaux ce besoin exige

non seulement des travaux mais de véritables métiers, merveilleusement variés. Déjà l'oiseau est, à cet égard, beaucoup plus avancé que les mammifères. Vous savez avec quel art et quel amour il fait son nid et combien sont variés les nids des oiseaux. Il y a même des oiseaux qui font leurs nids, comme le loriot, en cousant des feuilles ensemble.

Mais c'est surtout dans le monde merveilleux des insectes que nous admirons la variété des métiers : les uns sont fouisseurs, d'autres travaillent le bois, d'autres la terre, d'autres les pierres; il y en a qui sont fossoyeurs — les nécrophores. Une espèce d'abeille tapisse son nid de pétales de fleurs. Il n'y a guère de différence entre les métiers des animaux et ceux des hommes, sinon que chaque espèce ne fait qu'un métier tandis que l'espèce humaine les réunit tous.

Cependant, entre le travail des animaux et le travail de l'homme, il semble qu'il y ait une autre différence et celle-ci si essentielle qu'on peut se demander si le premier mérite même le nom de travail? La caractéristique du travail de l'homme, de tout temps, c'est l'effort, la peine : « Tu travailleras à la sueur de ton front. » Peut-on dire des animaux qu'ils travaillent à la sueur de leur front? Ce n'est pas seulement au sens métaphorique que cette phrase paraît absurde : c'est au sens réel. Il ne semble pas que leur activité ait le caractère d'une tâche, comme pour l'homme, mais elle paraît plutôt une fonction naturelle. Il semble que l'oiseau fasse son nid comme il gazouille et que l'abeille fasse son miel comme elle bourdonne; on ne se la représente pas bien chaque matin se disant : Allons faire notre tâche quotidienne! Le travail, pour eux, paraît un exercice, un mode de vivre — ce que devait être, d'après le récit de la Genèse, le travail de l'homme avant la chute, dans le jardin d'Eden où il n'avait qu'à cueillir les fruits des arbres — et comme si les animaux, n'ayant pas été englobés dans la chute, avaient conservé le privilège divin du travail joyeux. Mais il a été perdu pour les fils d'Adam et ce n'est pas à tort qu'on a défini l'homme : un animal paresseux.

Pourtant l'homme ne se fait pas faute de dire que ce sont les animaux qui sont des paresseux! Serait-ce vrai pour les animaux domestiques que ce serait bien excusable, puisque ceux-ci n'étant que des esclaves n'ont à fournir qu'un travail d'esclave.

Et pourtant, même pour ceux-ci, quelle injustice quand on pense à l'activité que dépense le chien à la chasse, courant toute la journée, haletant, pour rapporter le gibier à son maître, ou le bœuf à la charrue, le cheval sous le harnais! Quel est le patron qui ne serait heureux d'avoir aujourd'hui des salariés qui ne fussent pas plus paresseux que ces fidèles compagnons de travail?

Quant aux animaux libres, il est vrai que lorsqu'ils ont pourvu à leurs besoins qui sont très simples, comme je viens de le dire, ils ne sentent pas le besoin de se livrer à des efforts supplémentaires. Par conséquent, ils se reposent; cela ne veut pas dire qu'ils soient paresseux, cela veut dire qu'ils ne font que ce qu'il est nécessaire de faire.

Resterait à savoir pourquoi le travail, pour l'homme, n'est pas aussi joyeux et aussi facile que pour l'animal? Pourquoi a-t-il le caractère d'une condamnation? On ne se l'explique que trop quand il s'agit du travail sous lequel a gémi l'espèce humaine pendant des siècles — travail de l'esclave, travail du serf — et même pendant les temps modernes et jusqu'à une date récente, le travail du salarié.

Mais ce qui complique le problème, c'est qu'il en est de même pour le travail libre. La preuve, c'est l'institution même de l'esclavage. Il est évident que les anciens qui ont inventé l'esclavage étaient des hommes libres, et s'ils ont eu l'idée de faire travailler d'autres hommes pour eux, c'est donc qu'ils répugnaient même au travail libre !

C'était bien pour se soustraire à une corvée, de même qu'il y a un demi-siècle, sous le régime de la conscription, les gens riches se payaient des remplaçants qui faisaient leur service militaire à leur place.

On s'est demandé si on ne pourrait pas faire du travail de l'homme un mode d'activité normale, une joie. Sully-Prudhomme a dit :

> ...Si j'étais Dieu,
> De beaux fruits sans écorce
> Mûriraient.
> Le travail ne serait plus qu'un jeu
> Et nous n'agirions plus que pour sentir nos forces
> Si j'étais Dieu.

Eh bien ! si j'étais Dieu, j'y regarderais à deux fois avant de donner satisfaction à ce vœu du poète. Je ne serais pas bien sûr que je rendrais service à l'humanité en faisant du travail « un jeu », et même en en faisant une simple fonction naturelle comme celle des animaux.

Prenons garde, en effet, que cette idée de peine, de contrainte, attachée au travail, a été la source de la civilisation elle-même. Elle a été la loi du monde, car c'est grâce à elle que l'homme, précisément parce qu'il n'aime pas travailler, cherche par tous les foyens — utilisation des lois naturelles, machines, association, division du travail — à diminuer sa peine (c'est ce qu'on appelle la loi du moindre effort ou, en termes plus savants, le principe hédonistique, lequel est le fondement de toute l'économie politique). Comme on l'a très bien dit, l'homme travaille prodigieusement pour s'éviter de travailler — exactement comme vous avez entendu dire qu'on avait fait la guerre actuelle pour ne plus avoir à faire la guerre — mais il ne paraît pas y avoir beaucoup mieux réussi. Il joue ainsi, semble-t-il, le rôle de dupe, en accumulant des travaux d'Hercule pour diminuer sa tâche ! Mais ce rôle de dupe, que la nature lui fait jouer, est une bénédiction. Heureuse déception du but qui fuit devant lui, et qui s'arrêterait du jour où le travail ne serait plus que le bourdonnement de l'abeille ou le gazouillement de l'oiseau, ou ne serait plus que ce qu'un socialiste que j'ai beaucoup aimé, Fourier, voulait réaliser sous le nom de « travail attrayant ».

Ne regrettons donc pas que pour les hommes le travail soit autre que pour les animaux, qu'il ait cessé d'être une simple fonction naturelle; ne souhaitons pas non plus qu'il devienne une forme de sport, car alors il serait improductif. Mais suivons-le avec sympathie dans cette longue et pénible ascension à chaque étape de laquelle il s'ennoblit, ne connaissant d'abord d'autre mobile que le fouet, puis la contrainte, déjà sous une forme adoucie mais qui n'en est pas moins la nécessité de gagner le pain quotidien, puis l'intérêt personnel qui réclame une part de plus en plus large des fruits du travail; et quand le travail s'élèvera enfin à la dignité de service social, alors il ne comportera plus d'autre mobile que le bien public et le devoir de solidarité.

Au reste, cette évolution du travail, devenu service social, paraît déjà réalisée dans certaines sociétés animales : assurément on peut dire de l'abeille qu'elle travaille non pas pour elle mais pour la ruche, et sans doute en a-t-elle conscience.

LE CAPITAL   Voilà pour les origines du travail, mais voici une autre notion qui apparaît déjà chez les animaux : c'est celle de la propriété. Propriété est un mot trop ambitieux ici, car il est tout chargé de sens par une évolution multi-séculaire; disons simplement l'appropriation, c'est-à-dire ce fait de l'être vivant de voir dans le monde extérieur certains objets qui semblent répondre à ses besoins, qui excitent chez lui le désir et qu'il cherche alors à s'approprier, à « faire siens » dans le sens profond du mot. Or, le premier acte d'appropriation pour faire une chose sienne, c'est de l'absorber, de la consommer.

Il suffit de regarder les petits enfants. Comme ils serrent dans leurs petits poings l'objet qu'on leur donne et comme ils crient ou pleurent quand on veut le leur enlever ! Ils ont l'instinct de l'appropriation au plus haut degré. Comment l'expriment-ils ? En portant l'objet à la bouche pour l'avaler, parce qu'il n'y a pas de meilleur moyen pour s'approprier une chose que de l'absorber, de l'ingérer. C'est ce que font aussi les animaux. Ils connaissent aussi l'appropriation sous cette forme de la consommation immédiate.

Voici ce que dit un naturaliste anglais, Thompson Selton (dans un article du *Century Magazine*, février 1908, sur les mœurs des animaux) :

« Je m'amusais un jour à jeter des noisettes à des écureuils; la noisette tombait sur le sol, n'appartenant encore à personne. Alors tous les écureuils se précipitaient à la fois pour s'en emparer. Mais le premier qui en avait pris possession en la saisissant avec ses dents était considéré comme le propriétaire légitime. Au bout de quelques secondes, son droit ne pouvait plus être mis en question. »

Ici ce n'est encore l'appropriation que sous forme de consommation. Mais voici un degré de plus. Il est possible que l'animal ne consomme pas tout de suite l'objet et le mette de côté. Il y a des animaux qui le font, surtout l'écureuil; le chien également. C'est à ce moment-là, quand il s'agit de l'objet qui ne peut pas être consommé immédiatement, que commence la véritable possession, dans ce sens qu'elle porte sur un objet qui est séparé du sujet et peut se trouver à une distance plus ou moins considérable de lui.

Ecoutons encore notre naturaliste anglais :

« S'il (l'écureuil) avait faim, il mangeait aussitôt la noisette; s'il n'éprouvait aucun besoin de prendre de nourriture, il la faisait tourner trois ou quatre fois dans sa bouche et allait la cacher ensuite dans son magasin de provisions d'hiver. »

Et pourquoi la faisait-il tourner trois ou quatre fois dans sa bouche ? Exactement comme le petit enfant dont je parlais tout à l'heure, qui porte immédiatement l'objet à sa bouche parce qu'il voudrait l'avaler. Toutefois, l'écureuil est plus intelligent que le petit enfant. Il sait bien qu'il ne peut avaler sa noisette sans la casser. Alors il la met dans sa bouche « afin qu'elle soit imprégnée de son odeur et ainsi facile à reconnaître par les autres et par lui-même quand elle sera dissimulée dans une cachette où il la retrouvera ». Il y met son sceau de propriété par un geste qui constitue une prise de possession (*mancipatio*, diront plus tard les jurisconsultes de Rome).

Voilà comment l'appropriation commence : c'est au moment où elle se détache de la consommation proprement dite pour se continuer sous la forme d'épargne, d'approvisionnement.

Mais la propriété s'affirme encore chez les animaux sous une autre forme, celle-ci bien humaine, et qui est le vol. Les animaux se volent souvent les uns les autres : les faucons pêcheurs qui volent le poisson pris par un autre et qui se font ainsi une spécialité de parasites; et dans le monde des insectes, le frelon. C'est le sentiment de la propriété très caractérisée. On connaît le mot fameux de Proud'hon : La propriété, c'est le vol. La formule peut être assurément discutée, mais elle devient indiscutable si on la retourne et qu'on dise : le vol, c'est la propriété. Il est clair, en effet, que s'il n'y avait pas de propriétaires, il n'y aurait pas de voleurs. Or, les animaux ont parfaitement le sentiment que l'objet volé par eux est la propriété d'autrui.

Les animaux n'ont pas seulement le sentiment de l'appropriation individuelle des objets de consommation. Ils l'ont aussi pour leur logement : l'abeille défend sa ruche, l'oiseau défend son nid, comme le chien défend sa niche, sans parler aussi de la façon dont il défend la propriété de son maître.

Ils ont aussi la conception de la propriété collective. Bien connue est l'histoire des chiens de Constantinople que les Jeunes-Turcs ont déportés dans une île pour les y faire mourir de faim, ce qui est bien une des plus vilaines choses qu'ils aient commises. Ces chiens avaient leurs quartiers spéciaux, et il était interdit à l'habitant d'un quartier de venir dans un autre. S'il s'y hasardait, toute la meute du quartier se mettait aux trousses de l'intrus et le pourchassait jusqu'à la frontière à laquelle elle s'arrêtait, reconnaissant que c'était, quoique invisible, la limite de son territoire.

Chez nous, espèce humaine, la propriété prend généralement la forme du capital. Cette notion du capital se retrouve-t-elle dans les espèces animales? Oui et non. Oui, si l'on s'en tient au capital sous la forme la plus simple, qui est l'approvisionnement mis en réserve et destiné à être consommé au cours d'un certain laps de temps. L'écureuil a des caches dans lesquelles il met ses noisettes. Même il applique déjà le principe qu'ont les pères de famille chez nous, capitalistes, et qui est de ne pas mettre « tous ses œufs dans le même panier », c'est-à-dire de ne pas placer toutes ses valeurs sur une même entreprise; l'écureuil a plusieurs caches, afin que si l'une est perdue il lui en reste d'autres. Il y a là un sentiment de prévoyance étonnamment caractérisé. Est-il besoin de parler de la ruche de l'abeille et des provisions de miel qu'elle accumule? ou des greniers de la fourmi? On parlait tout à l'heure des animaux paresseux, ce n'est pas l'opinion de Salomon qui dit dans les Proverbes : « paresseux, va trouver la fourmi et elle t'instruira ».

Mais ce qui caractérise le capital, c'est que la richesse épargnée a pour destination de servir à produire une richesse nouvelle.

Revenons un moment à Robinson. Quand Robinson faisait ses provisions, tout comme l'écureuil, l'abeille ou la fourmi, ce n'étaient pas seulement en vue de les consommer pendant l'hiver et de les garder pour les mauvais jours, mais surtout afin de lui permettre de fabriquer à loisir des instruments, par exemple de construire sa barque. Pendant qu'il construisait cette barque il ne pouvait aller à la chasse, et par conséquent il n'aurait pu la construire s'il n'avait eu des provisions d'avance qui le libéraient de la tâche quotidienne. Voilà pourquoi les provisions de Robinson étaient vraiment un capital, c'est-à-dire un instrument de production.

Or il ne semble pas que tel soit le cas pour les animaux : ces provisions de l'écureuil, de l'abeille ou même de la fourmi, ne semblent être que de la thésaurisation, c'est-à-dire une richesse mise en réserve uniquement pour être consommée.

Il y a aussi une autre conception du capital : *le capital fixe* comme on l'appelle en économie politique (par opposition au *capital circulant* dont nous venons de parler), c'est-à-dire les instruments, les machines, les travaux d'art. Les trouvons-nous chez les animaux? On dit généralement que non. On définit même l'homme : le fabricant d'instruments (*tool-maker*). Il est vrai que l'animal n'a pas fait d'instruments, mais c'est peut-être pour la même raison que celle que j'indiquais tout à l'heure à propos du vêtement : c'est parce qu'il n'en a pas besoin. En effet, pour la seule industrie à laquelle il s'adonne, la chasse, la nature l'a magnifiquement doté d'armes, tant chez les mammifères et les oiseaux que chez le peuple innombrable des insectes. Et quant à l'industrie du logement, s'il est vrai que la nature n'ait donné aux mammifères que les ongles des animaux fouisseurs ou aux oiseaux un bec assez mal approprié, par contre elle a donné aux insectes des instruments très compliqués et qui dépassent même ceux des hommes; il n'y a pas de tarière, de scie, de seringue, de poinçon, d'aiguille, qu'on ne trouve dans ce monde effrayant et qui ne soit employé à une foule de travaux. A quoi bon pour eux s'ingénier à trouver mieux? Et pourtant, il n'est pas absolument exact d'affirmer qu'il n'y a point d'animaux qui sachent créer des instruments : beaucoup d'entre eux doivent fabriquer des pièges pour prendre le gibier. Est-il besoin de parler de la toile de l'araignée? Ce n'est pas un vêtement ni un logement, c'est un piège, comme le filet du chasseur ou du pêcheur. Il y en a d'autre : par exemple, la fosse creusée par le fourmi-lion, trappe dans laquelle il sait faire tomber le gibier qui passe près de lui en lui jetant du sable dans les yeux.

Si donc on veut poser la limite qui sépare l'animalité de l'humanité, ce n'est pas dans la fabrication des outils qu'il faut la chercher, puisque les animaux la connaissent dans une certaine mesure — mais on pourrait la placer à l'invention du feu.

C'est une chose curieuse que les animaux n'aient jamais inventé le feu, d'autant plus qu'ils l'aiment beaucoup. Il n'y a qu'à voir comment un chien ou un chat se prélasse au foyer du salon ou de la cheminée de la cuisine et comment, lorsque les caravanes parcourent le désert ou la forêt, les animaux sauvages se pressent autour du cercle de feu qui les attire tout en les terrifiant. Mais ni parmi ceux qui se chauffent au foyer, ni parmi ceux dans les yeux desquels se reflètent avec les lumières du brasier toutes les terreurs de l'inconnu, il n'y a eu de Prométhée!

On dit souvent qu'il n'y a pas de fumée sans feu — on peut dire encore mieux qu'il n'y a jamais eu de feu sans homme. Le jour où quelque part, en Afrique, on trouvera un cercle de singes assis autour d'un feu qu'ils auront allumé, ce jour-là l'homme pourra saluer en eux ses frères, mais jusqu'alors le premier feu jailli des mains de Prométhée resplendira sur toute la race humaine, comme cette aigrette de lumière que les légendes d'Orient posent sur le front des Génies.

C'est donc le moment de prendre congé de ceux qui nous ont servi jusqu'à présent d'instructeurs dans ces premiers éléments de la science économique. Pour eux, l'initiation à l'économie politique ne va pas plus loin. Nous les laissons en chemin. L'espèce humaine va devenir riche, mais eux demeureront de pauvres diables.

CHAPITRE II

L'ÉCHANGE ET LA VALEUR

Nous ne sommes encore que sur le seuil de l'économie politique, car l'économie politique proprement dite ne commence que quand l'homme vit en société.

L'économie politique, comme le mot même l'indique, n'est pas la science de l'individu isolé, c'est une science sociale. Le mot « économie politique », dans son étymologie, vient de trois mots grecs qui veulent dire : la maison, la loi, la cité. La cité pour les Grecs était la même chose que la nation, en sorte que la traduction littérale serait : les lois du ménage national.

Cependant, pour que des rapports économiques se forment, il suffit qu'il y ait deux hommes en présence. Du jour où Vendredi vient trouver Robinson dans son île, vous savez combien, à partir de ce jour-là, le roman devient plus intéressant : c'est qu'il se rapproche davantage de la vie.

Pourquoi? Parce qu'à deux peut se manifester ce premier acte qui est le grand fait de la science économique, qui, même pour certains auteurs, la constitue tout entière : *l'échange.*

Cependant, l'échange ne pourrait-il exister même pour l'individu isolé? Ne peut-on dire que pour l'homme, même seul, tout acte de production est, dans un sens, un échange puisque par notre travail nous échangeons notre peine, notre temps, contre un résultat attendu, escompté? Il y a, dans tous les pays, des légendes qui racontent l'histoire de l'homme qui a vendu son âme au diable; c'est une sorte d'échange, si l'on veut.

Mais ce n'est là qu'une subtilité de raisonnement par lequel, après coup, pour ainsi dire, nous projetons dans notre for intérieur, pour l'expliquer, l'image des phénomènes empruntés au monde extérieur.

Revenons donc à l'échange économique. Celui-ci ne commence réellement que quand il s'agit d'un objet approprié. La première « richesse », donnons-lui son vrai nom, n'apparaît pour la première fois — ne fût-ce que le miel de la ruche ou les noisettes entassées par l'écureuil — que lorsqu'elle se détache de la personne et forme un bien appropriable pour autrui. Et aussitôt ces biens deviennent un objet d'envie pour tous ceux, hommes ou bêtes, qui n'en ont point.

Mais comment ces êtres qui désirent s'approprier ce bien y parviendront-ils? Ils le voleront. Le vol est le premier acte économique et la preuve, c'est que l'échange est inconnu des animaux tandis que le vol est pratiqué par eux, nous l'avons dit déjà. Je ne parle pas seulement du vol fait à leurs maîtres par les animaux domestiques, mais du vol qu'ils se font entre eux, entre camarades, dans toutes les espèces animales et qui est extrêmement fréquent. Les pauvres richesses des animaux, l'os caché par le chien dans sa niche, le miel accumulé dans la ruche, tout cela fait l'objet de la convoitise des autres animaux et, pour se l'approprier, ils ne connaissent qu'un moyen qui est le plus simple.

Je n'ai pas besoin de vous dire qu'il en est de même dans l'espèce humaine, que c'est bien ainsi que cela a débuté, que pour les hommes le vol a précédé de longtemps l'échange et qu'il y a eu dans les sociétés humaines des pillards et des pirates longtemps avant qu'il y eût des marchands. Et même quand ceux-ci ont apparu sur la scène économique, il était parfois assez difficile de les distinguer de leurs prédécesseurs. Le vol, c'est déjà une forme de l'appropriation (ou de l'expropriation, si vous voulez), qui est innée, instinctive chez les animaux, comme je viens de le dire, tandis que l'échange, au contraire, n'est nullement un acte instinctif! C'est un acte raisonné et qui n'est pas à la portée d'une intelligence primitive. Voici pourquoi : c'est que l'échange suppose préalablement une dépossession volontaire. Il faut que celui qui veut échanger se dessaisisse de sa propriété pour la céder à autrui. Or, ce dessaisissement est un sacrifice qui répugne à la nature. Il n'y a qu'à voir si un petit enfant se dessaisit volontairement de ce qu'on lui a donné! On a beau lui dire : donne-le moi, je te donnerai autre chose — il ne veut rien entendre et si même il finit par le lâcher, immédiatement il demande à le reprendre.

Et comme on comprend cette répugnance au dessaisissement, si l'on se reporte aux origines et si l'on pense de quel travail, de quel labeur, l'objet possédé était le produit pour l'homme primitif. C'est la chair de sa chair! Si on lui demande de s'en dessaisir, son premier mouvement est de s'y refuser.

Pour comprendre cet état d'âme, il faut le chercher à l'autre extrémité de l'évolution sociale, non chez le sauvage, mais chez l'artiste. On raconte de l'artiste italien, Benvenuto Cellini, qu'il était si jaloux de ses œuvres, ciselées avec amour, coupe ou pommeau d'épée, qu'il lui arrivait d'aller poignarder celui à qui il avait vendu l'une d'elles pour la reprendre.

Au reste, il est beaucoup d'objets que nous-mêmes n'aimerions pas vendre, même à bon prix : tels les livres ou les meubles que nous aimons.

Sans doute, on dit à l'homme primitif : vous ne vous privez que pour avoir mieux. Mais ce mieux qu'on lui propose en échange, c'est l'inconnu. Il connaît ce qu'il possède et dont il va se dessaisir, et il ignore encore ce qu'il va acquérir. Il est donc obligé de se livrer à une pesée intérieure, de mettre d'un côté, dans un des plateaux de la balance, le sacrifice qu'il va faire, et d'autre part, dans l'autre plateau, la jouissance qu'il attend. Cruelle alternative! Choix angoissant! Aussi angoissant que celui du naufragé qui s'est accroché à une épave, à qui on dit de la lâcher pour saisir l'amarre, et qui souvent préfère aller au fond de l'eau plutôt que de s'en dessaisir. Alternative qui se trouve à toutes les formes et à tous les degrés de l'échange, depuis les plus humbles jusqu'aux plus hauts, jusqu'à celui qui en ce moment met en demeure l'Italie de lâcher la Dalmatie pour avoir Fiume!

On peut même dire que l'échange — sous la forme brute que nous venons de décrire, le troc — n'a dû prendre naissance que dans des conditions tout à fait spéciales et exceptionnelles : par exemple, lorsque l'objet offert en échange a éveillé dans l'âme de celui qui ne le possédait pas un besoin tout à fait nouveau, irrésistible dans sa nouveauté; comme quand, à un sauvage qui n'avait jamais eu qu'un arc et des flèches, on a offert un fusil ou parfois aussi bien quelque objet puéril, une boîte à musique, une bouteille d'alcool. Ces merveilles détermineront le noir africain à céder n'importe quoi pour les obtenir.

Une autre condition qui peut rendre l'échange possible, c'est que l'objet que l'on demande au possesseur de céder, se trouve pour lui superflu, ce qui sera le cas s'il le possède en double ou en triple exemplaire. Je disais des enfants qu'ils n'aimaient pas échanger ni céder — mais quand il s'agit du collégien, dont la jeune âme a déjà été mûrie par le contact de ses camarades et dans laquelle l'intérêt et la cupidité sont déjà venus se loger, il apprend à échanger des timbres-postes. Le commerce des timbres-poste est un exemple-type, parce qu'un timbre-poste en double n'a aucune valeur, sinon précisément de servir d'instrument d'échange. Un sauvage, dans sa sphère, fera de même. S'il a quelque chose en double, il pourra, dans ces conditions, consentir. Mais pour un sauvage, il n'arrive pas souvent qu'il possède quelque chose en double! Il est trop pauvre pour avoir du superflu; comment pourrait-il être disposé à échanger?

Arrêtons notre attention sur ce grand fait que nous venons de rencontrer, incidemment : c'est une dès plus grandes lois de l'économie politique, celle qu'on appelle la *limitation des besoins.*

En effet, tout besoin de l'homme est limité en ce sens qu'il s'éteint sitôt satisfait, soit avec un seul objet, soit avec une certaine quantité d'objets, et d'autant plus vite que le besoin est plus simple et d'ordre primitif. La soif est apaisée avec un verre d'eau et on en offrirait cent que cela ne ferait aucun plaisir à celui qui est déjà désaltéré. Pour le pain quotidien, c'est à peu près de même.

Chez les sauvages, tout particulièrement, les besoins sont simples, en sorte que la limite de saturation est atteinte très vite; quand ils ont ce qu'il leur faut, ils n'ont pas besoin d'avoir davantage.

Il est vrai qu'à mesure que les besoins sont d'un ordre plus raffiné, la limite aussi s'étend, elle devient presque indéfiniment élastique. On ne saurait dire combien il faut de bijoux, de dentelles, pour qu'une femme arrive au point de satiété. Pourtant la loi demeure.

Voici un autre cas dans lequel l'échange se trouve facilité, même pour l'homme primitif — surtout pour celui-ci — c'est lorsque l'utilité de l'objet possédé n'est pas immédiate, mais n'est réalisable qu'à un temps plus ou moins éloigné. Alors, l'imprévoyance de l'homme primitif fait qu'il la considère comme superflue pour le moment. Il arrive fréquemment que les indigènes d'Algérie, du Maroc ou de l'Orient, cèdent pour presque rien le blé qu'ils devaient garder pour la semence. Du moment que ce n'était que pour l'année prochaine, ils pensaient que l'objet n'avait pas grande utilité pour eux. On raconte même que chez certaines tribus sauvages des bords de l'Amazone l'imprévoyance est telle que si on veut acheter leur hamac, celui dans lequel ils dormiront, on peut facilement l'obtenir en le leur demandant de bon matin, parce que le soir qui vient est pour eux aussi éloigné que l'est pour nous l'an 2000, mais si on attend qu'ils aient sommeil, ils s'y refuseront!

Enfin, notons encore une autre condition qui est de nature à faciliter l'échange. C'est quand celui qui possède l'objet obéit à un certain mobile de libéralité, d'altruisme. Or, c'est là un sentiment qui n'est pas le privilège des civilisés, tant s'en faut. Il y a eu de tout temps dans toute âme humaine un Caïn et un Abel qui habitent ensemble, et Abel n'est pas toujours tué par Caïn, quoiqu'il sommeille généralement. Et c'est ce qui explique cette constatation paradoxale que dans l'évolution économique le don paraît avoir précédé l'échange, autrement dit l'homme s'est décidé à céder à titre gratuit l'objet possédé plus facilement qu'à le céder à titre onéreux.

Je disais tout à l'heure du vol qu'il avait précédé l'échange, disons-en autant du don et voici qui réhabilite la nature humaine. Peut-être est-ce vrai même des animaux. Je ne sais si on ne pourrait pas leur rendre cet hommage qu'ils connaissent le don, tout au moins dans leurs rapports de famille; il suffit de voir la générosité d'une poule avec ses poussins, lorsqu'elle a trouvé quelque graine !

Le don va être une voie nouvelle pour conduire à l'échange. Il y mènera tout droit si nous supposons que le don devienne réciproque, car en quoi un don réciproque se distingue-t-il de l'échange? En rien, sinon par l'intention. Or, le don réciproque est très fréquent dans la civilisation primitive, il est même la règle; vous n'avez qu'à lire les récits de tous les explorateurs en Afrique. Que font-ils? Quand ils arrivent dans la tribu, le chef, obéissant aux règles de politesse et d'hospitalité de tous les peuples sauvages, leur envoie, selon sa richesse, un bœuf ou des poules. Mais il attend un don réciproque ! Et de même que dans les visites protocolaires quand le souverain étranger a fait sa visite, cinq minutes après le président la lui rend, le protocole du roitelet nègre comporte la même réciprocité. C'est pourquoi tout explorateur ne manque pas d'avoir dans ses bagages toute espèce d'articles destinés à servir — dirai-je de paiement ou de cadeau ? cela se ressemble.

Mais il n'est pas besoin d'aller si loin.

Dans certains pays d'Europe un peu isolés, où il n'existe pas d'hôtel, ce système du don réciproque est pratiqué. Moi-même j'en ai fait l'expérience, il y a bien des années, quand je voyageais en Espagne, dans l'Aragon. C'était dans un petit village où il n'y avait point d'hôtel : il est d'usage d'aller chez le curé. Il vous loge, il vous héberge gratuitement, pour l'amour de Dieu, c'est entendu, mais il serait de la dernière inconvenance si le lendemain matin, quand on part, on ne lui donnait pas au moins l'équivalent de ce qu'on a reçu.

En droit romain, l'échange est défini ainsi : *do*

ul des, don pour don. C'est comme un témoignage rendu à l'évolution que nous venons de retracer.

C'est d'ailleurs la même parole que prononce inconsciemment l'écolier lorsqu'il dit à son camarade : donne-moi ce que tu as, je te donnerai ce que j'ai.

Et n'est-ce pas un sentiment réconfortant de penser que l'échange est né aussi du don et non pas seulement du vol comme nous disions tantôt! Il est vrai que si l'échange vient du don réciproque, il finit parfois par dégénérer en vol réciproque, mais ceci est une autre affaire : nous la retrouverons plus loin.

Le moment où l'échange proprement dit s'est affirmé est vraiment un moment solennel dans l'histoire de la civilisation.

<u>LA VALEUR</u>   Car voici ce qui va se passer : tout bien possédé, approprié par l'homme — disons toute richesse, puisque, quelque humble qu'elle soit, elle a droit à ce nom — toute richesse va prendre désormais un double caractère.

Elle va rester premièrement ce qu'elle a commencé par être, un moyen de jouissance, de satisfaction aux besoins, comme dit si bien le mot latin *bona* (les biens) ou, comme disent les Anglais, *goods* (ce qui est bon).

Mais, en outre, elle va acquérir un caractère nouveau : elle va devenir instrument d'acquisition, permettant à son possesseur de se procurer ce qu'il voudra par le moyen de l'échange : soit d'autres richesses, soit même le travail de son semblable, les services de ceux qui ne possèdent pas cette richesse.

Et le second de ces caractères tend à prédominer sur le premier au fur et à mesure que la civilisation grandit.

Pour prendre un exemple, il n'y a qu'à se représenter dans une société primitive la première des richesses, le blé. L'homme qui en a rempli son grenier peut considérer cette richesse au double point de vue que je viens d'indiquer. Il peut se dire, comme le riche de l'Evangile : « Mon âme, réjouis-toi, tu as des biens en abondance et tu peux vivre pendant des années sans t'inquiéter du lendemain. » Mais il peut aussi se dire : ce blé qui est là, je vais l'employer à faire travailler d'autres hommes pour moi. Ceux qui n'ont pas de pain seront trop heureux de venir prendre le mien et de me fournir, en échange, leur travail. Ils travailleront pour moi, ils seront mes serviteurs.

C'est donc un pouvoir de commandement que la richesse doit à l'échange. Et ce pouvoir est qualifié par un mot — le plus grand de toute l'économie politique — le mot de *valeur*.

On emploie quelquefois ce mot de valeur même dans le premier sens que j'ai donné tout à l'heure au mot richesse, mais c'est une erreur économique — je dirais presque une faute de français. Quand les économistes l'emploient en l'appliquant aux biens de jouissance, ils ont soin de rectifier en disant « valeur d'usage »; mais quand on dit « valeur d'échange » ou « valeur » tout court, cela s'applique uniquement au second sens du mot de richesse, et il y a là une différence essentielle. Il y a des biens qui méritent parfaitement le nom de biens en ce sens qu'ils ont pour leur possesseur une utilité immense, mais qui n'ont aucune valeur d'échange. Pour celui qui est myope, son lorgnon a une utilité de tout premier ordre; pourtant sa valeur d'échange est nulle, car en admettant qu'il puisse le revendre au prix qu'il l'a payé chez le marchand — ce qui est peu probable — c'est, en tout cas, un prix qui sera loin de compenser le préjudice éprouvé. Une jambe de bois pour un amputé quelle utilité n'a-t-elle pas — et pourtant quelle sera sa valeur d'échange?

Ce mot de « valeur » est un mot si chargé de sens que depuis des siècles, depuis Aristote, les économistes le creusent sans avoir pu encore le bien expliquer, ou du moins sans avoir donné une explication qui les satisfassent. Je n'ai donc pas la prétention d'exposer ici le sens ésotérique de la valeur, mais le sens vulgaire, le sens courant. Or, on peut le résumer d'un mot : c'est le *pouvoir d'acquisition*, ce qui revient à dire que ce qui fait la valeur, c'est beaucoup moins le désir de celui qui possède le bien que le désir de ceux qui ne le possèdent pas, qui l'envient, qui voudraient l'acquérir, et qui sont disposés à céder n'importe quoi pour l'obtenir. Dans ce cas, l'objet que je possède a une grande valeur; celle-ci se mesure à l'intensité du désir d'autrui, elle permet d'exercer sur les autres une pression proportionnelle à l'intensité de ce désir et de lui demander de faire n'importe quoi pour acquérir la valeur que je possède. Quand on présente un morceau de sucre à un chien et qu'on lui dit : Fais le beau! il fait n'importe quel exercice pour l'avoir. La valeur a ce même effet sur les hommes. C'est donc le désir d'autrui qui fait la valeur.

Il y a donc comme une racine d'immoralité dans la valeur économique. Car si la valeur économique est ce qui nous permet d'exercer une domination sur autrui en spéculant sur le désir que cette valeur éveille chez lui, combien différente apparaît-elle de ce qu'on appelle les valeurs morales! Il ne faut pas se laisser tromper par l'homonymie du même mot : les valeurs morales ont ceci de magnifique qu'elles peuvent se communiquer à tous gratuitement et que tous peuvent en jouir sans que celui qui les possède en soit privé.

LE COMMERCE   L'échange sous forme de troc reste un cas exceptionnel aussi longtemps qu'il n'y a pas d'autres circonstances tendant à élargir son champ d'action. Pour que le troc du sauvage se transforme en ce mouvement d'échange régulier qu'on appelle *le commerce*, il faut passer par une série d'étapes que je vais très rapidement énumérer.

Tout d'abord, pour que l'échange se généralise,

il faut que cette répugnance au dessaisissement de l'objet possédé, que j'indiquais tout à l'heure, disparaisse. Comment cela se fera-t-il? Cette répugnance disparaîtra du jour où certains objets n'auront plus été produits dans l'intention de les garder pour satisfaire aux besoins du producteur, mais *dans l'intention, au contraire, de s'en défaire en les cédant.* Or, cette situation, celle de l'homme travaillant non plus en vue de satisfaire à ses propres besoins mais en vue des besoins d'autrui, cela s'appelle *le métier* ou, si vous voulez, *la profession.* Si on mène un enfant, qui ne sait rien encore du monde, dans une boulangerie ou dans une boutique de cordonnier, il s'écriera : « Qu'est-ce que cet homme peut faire de tous ces pains ou de toutes ces chaussures? avec quelques-unes il en aurait bien assez. » Alors on est obligé de lui expliquer que ces pains ou ces chaussures, le boulanger ne les a pas faits pour les manger, ni ce cordonnier pour les chausser. Il les fait pour les échanger et acquérir, par ce moyen, les richesses dont il a besoin. Le métier est un détour, un circuit. Au lieu de faire comme le primitif qui travaille pour ses propres besoins, pour son pain, pour son vêtement, l'homme civilisé se dit : Je m'en vais produire pour des besoins qui ne m'intéressent pas du tout, mais qui me seront le moyen de pourvoir à mes propres besoins d'une façon beaucoup plus avantageuse que si j'essayais d'y pourvoir directement. C'est ce qu'on appelle prendre un métier, une profession ou, si c'est un beau métier, une carrière !

C'est aussi ce qu'on appelle *la division du travail* et c'est une des plus grandes lois de la science économique, et qui même — tout comme « la loi du moindre effort » dont elle n'est, d'ailleurs, qu'un corollaire — déborde le domaine de l'économie politique pour servir de base à la sociologie.

L'échange ne prend une grande extension que quand le métier est constitué ; c'est alors seulement que ce dessaisissement dont je parlais tout à l'heure n'implique aucune espèce de privation puisque, au contraire, ces produits n'ont été faits que pour être vendus. Nous parlions de ces artistes qui éprouvent un déchirement à se séparer de leur œuvre pour la vendre et de ce Benvenuto Cellini qui allait poignarder parfois ses acheteurs pour reprendre ce qu'il leur avait vendu. Mais on ne trouvera pas de cordonnier assez fou pour pleurer lorsqu'un client vient acheter ses chaussures et moins encore pour courir après lui et les reprendre!

Les métiers se sont formés peu à peu; ils se sont détachés du noyau originel, de ce que nous appelons l'économie domestique, c'est-à-dire du régime dans lequel l'homme, ou tout au moins la famille humaine, produisait tout ce qui était nécessaire à ses besoins.

Il n'est pas nécessaire de remonter aux temps préhistoriques pour voir l'origine des métiers. Moi-même j'en ai vu naître plusieurs. Dans la petite ville où j'ai passé mon enfance, je voyais dans la maison maternelle faire les confitures — c'était un jour de l'année important dans ma vie — et aussi la charcuterie et le blanchissage; et dans la ferme j'ai vu faire le pain.

Mais, qu'est-il arrivé? C'est que la fabrication des confitures, la blanchisserie, la panification, la charcuterie, ont émigré de la maison et de la ferme et ont été ouvrir boutique sur rue pour le public, c'est-à-dire former des métiers indépendants. En remontant plus haut, mais sans remonter « au temps où la reine Berthe filait », on aurait pu voir filer à la maison; or, la filature est devenue non seulement un métier mais une des plus grandes industries du monde.

Ainsi, peu à peu le ménage, la famille primitive, au lieu de travailler à pourvoir à ses propres besoins, a vu émigrer, se détacher d'elle des industries et des métiers qui, chacune, ont produit en vue de l'échange. Et pourtant, pour que l'échange ait pu prendre l'immense développement que vous lui connaissez, il a fallu encore autre chose. Il a fallu que ces métiers fussent doublés d'une autre catégorie, encore plus spécialisée dans l'échange, qu'on appelle les *marchands* et qui ont joué dans la civilisation un rôle de tout premier ordre : les marchands de Tyr et de Sidon, les marchands de Carthage et, plus tard, les races héroïques des marchands de Hollande, d'Angleterre, qui ont peuplé, civilisé, colonisé, cultivé, enrichi et aussi perverti le monde.

Le marchand a apparu sous la forme, très simple à l'origine, de celui que nous avons vu et qu'on voit encore dans certains villages : le colporteur, le colporteur qui porte sa balle sur le dos ou conduit sa roulotte de ferme en ferme et de village en village, déballe sa marchandise et tente filles et garçons. Et il en a fallu des étapes pour passer du marchand ambulant au grand magasin de nouveautés, ou, mieux encoie, à ces maisons américaines qui n'ont ni magasin ni marchandises mais où tous les achats se font seulement par correspondance! Mais ceux-là ne sont que des *business men*, tandis que les premiers marchands étaient des héros.

CHAPITRE III

LA MONNAIE

Si l'échange nous met déjà bien en avant des animaux, néanmoins l'échange en nature de marchandise contre marchandise — le troc — est un procédé très incommode, parce qu'il est bien rare qu'il y ait une exacte coïncidence des besoins entre les deux échangistes, c'est-à-dire que l'objet dont je veux me défaire puisse convenir à celui qui possède précisément l'objet que je voudrais acquérir.

LE TROC — Voici un exemple emprunté à un récit de voyage du lieutenant Cameroun en Afrique : « J'avais besoin d'une barque, mais son possesseur voulait être payé en ivoire, et je n'en avais pas. Je

cherchai quelqu'un qui pût me céder de l'ivoire.
On m'indique Mohammed-Ibn-Selib qui en avait
mais ne voulait m'en céder que contre de l'étoffe;
or, je n'en avais pas, ce qui fait que je n'étais pas
plus avancé. Alors, je me mis en quête de quelqu'un qui eût de cette étoffe et je trouvai Ibn Guérib qui en avait et qui consentit à me la céder contre des rouleaux de fil de cuivre dont j'étais abon-
damment pourvu. J'étais sauvé! En effet, je donnai
le fil de cuivre à Ibn Guérib qui me donna l'étoffe.
Je donnai l'étoffe à Ibn Selib qui me donna l'ivoire.
Je donnai l'ivoire à l'homme de la barque. Et j'eus
la barque! »

Si telle est la difficulté de l'échange pour les produits matériels, les marchandises, que serait-elle
pour les produits intellectuels, pour les services?
Si, pour avoir du pain ou des chaussures, je devais
aller offrir des leçons d'économie politique, je
pourrais courir loin avant de trouver un marchand
qui fût disposé à conclure ce marché.

Que faudrait-il donc pour résoudre cette difficulté? Il faudrait trouver une marchandise qui con-
vînt à tout le monde, donc non pas qui répondît à
un besoin individuel en particulier mais qui répon-

dît à un besoin universel. Y a-t-il de telles marchandises? Oui. Il y en a partout, même dans les sociétés primitives (on peut dire surtout dans celles-là). Par exemple, certains aliments : c'est ainsi qu'au Japon, où tout le monde, riche ou pauvre, vit de riz, toutes choses, jusqu'à la révolution de 1868, les marchandises, les traitements des fonctionnaires, étaient évalués en riz. Dans d'autres pays — le territoire de la Baie d'Hudson, par exemple — pendant longtemps c'étaient les fourrures qui servaient de marchandise intermédiaire, parce que dans ce pays polaire tout le monde en porte. Dans les sociétés antiques, encore à l'état pastoral, c'était le bétail qui servait de moyen d'échange, le bœuf ou le mouton. Et, sans remonter si haut, n'avons-nous pas vu ces jours-ci dans Paris les timbres-poste employés pour remplacer la petite monnaie d'argent qui avait fui? Personne ne faisait de difficulté pour les recevoir parce que tout le monde a besoin de timbres-poste.

Mais ce ne sont pas seulement les marchandises d'une consommation générale qui peuvent servir à l'échange : il y a aussi les objets rares quand ils répondent à un désir très vif, ne fût-ce même que d'un petit nombre, tels que les pierres précieuses, les métaux précieux — autrefois, d'ailleurs, ils étaient tous précieux parce qu'ils étaient tous rares : nous voyons dans l'Iliade que pour les jeux qui eurent lieu à la mort de Patrocle, Achille décerna comme prix au vainqueur... un bloc de fer !

Entre tous ces métaux, il en est surtout un qui, de tout temps, a fait la joie des hommes ou leur envie : c'est l'or. L'or n'est pas seulement le plus beaux des métaux mais c'est aussi celui qui a été connu par l'homme avant tous les autres. Pourquoi ? Parce que la nature l'a fait inoxydable, ce qui veut dire qu'il reste inaltérable et qu'on le trouve à l'état pur, ce qui n'est le cas d'aucun autre métal, pas même de l'argent. Métal vraiment royal par son éclat, sa magnifique couleur et, je dirai aussi, par son inutilité, en ce sens qu'il ne peut servir qu'au luxe et non aux besoins de l'industrie. Il ne peut servir ni d'arme ni d'instrument : on ne peut en faire ni un glaive ni un soc de charrue. Il semblait vraiment prédestiné à ce rôle de servir de monnaie et par là devenir le signe de la richesse.

LA VENTE Voyons quelles modifications l'emploi d'une marchandise intermédiaire va introduire dans l'échange. Celui qui voudra troquer l'objet qu'il possède, au lieu de se mettre en quête (comme ce voyageur en Afrique dont je vous racontais l'aventure) de quelqu'un qui pourra lui céder ce qu'il désire, cherchera simplement quelqu'un qui possède cette marchandise intermédiaire, ce qui ne sera pas difficile, et il échangera l'objet qu'il possède contre cette marchandise, contre cet or : cela s'appellera *la vente*.

Ensuite, quand il aura reçu, en échange de la marchandise cédée, cette marchandise intermédiaire, cet or, il se mettra à la recherche de l'objet qu'il désire et il l'échangera contre l'or qu'il a reçu. Et cela s'appellera *l'achat*.

Ainsi, par l'emploi de cette marchandise intermédiaire, le troc se trouve décomposé en deux opérations successives mais solidaires qui sont l'une la vente, l'autre l'achat.

Cependant, il reste encore une difficulté pratique à surmonter : même avec l'argent en mains, il n'est pas toujours facile d'acheter, c'est-à-dire de trouver ce qu'on désire chez quelqu'un qui soit disposé à le céder, et il est encore moins facile de vendre, c'est-à-dire de trouver quelqu'un qui consente à nous donner de la monnaie en échange de ce que nous possédons.

Pour prendre comme exemple un objet qui nous est familier, les livres, il ne suffirait pas d'avoir la bourse bien garnie pour nous procurer le livre que nous désirons, s'il n'y avait pas de libraires pour cela. Et inversement ceux qui ont à se défaire de livres savent que ce n'est pas facile, alors même que ce seraient des livres rares et que, au cas où la situation se fût trouvée intervertie, ils eussent à les payer très cher.

Donc, pour que l'échange soit facile, il ne suffit pas qu'une marchandise intermédiaire ait été inventée, il faut aussi qu'une catégorie sociale ait été créée avec cette fonction sociale de collectionner, si je puis dire, les objets que leurs possesseurs ont en trop et dont ils veulent se défaire, pour les céder ensuite à ceux qui en auront besoin. Ces gens-là, nous les avons déjà vus dans le chapitre précédent : ce sont les marchands. Dans l'exemple que je vous citais tout à l'heure, les livres, on va trouver un libraire ou bouquiniste, c'est-à-dire un homme qui fait précisément le commerce des livres d'occasion, qui les achète à ceux qui désirent s'en défaire.

Voilà donc comment nous arrivons, à force de complications, à la simplification. C'est d'ailleurs souvent ainsi dans les problèmes sociaux économiques. Il faut avoir des machines très compliquées pour obtenir un travail simple.

LA MONNAIE Nous avons déjà plusieurs fois prononcé ce mot de monnaie, un des plus grands noms de l'économie politique.

Il y a en elle quelque chose de mystérieux, de magique. J'ai le souvenir très net que c'est ce mystère de la monnaie qui a attiré pour la première fois mon attention sur l'économie politique quand j'étais collégien, et je vois encore le lieu où cette idée m'a frappé. Enfant tout imbu de la lecture des contes merveilleux et sachant par cœur l'histoire d'Aladin et de sa lampe merveilleuse qu'il suffit de frotter pour avoir toutes les richesses, je me disais : Mais avec la monnaie on peut obtenir tout ce que donnait la lampe : repas somptueux, pierres précieuses, palais royal, esclaves noirs ou blancs — tant qu'on en veut! — et même la main des princesses.

L'enfant sait de bonne heure qu'avec « des petits sous » on se procure tout ce qu'on veut. Il serait intéressant, au point de vue de la psychologie enfantine, de déterminer l'âge auquel l'enfant, au lieu de trouver sa satisfaction à recevoir un cadeau en nature, une arche de Noé, ou une poupée, trouve la même satisfaction ou même une plus grande à recevoir une pièce d'argent ou d'or — naguère, aujourd'hui un billet — et à s'entendre dire : tu achèteras avec cela ce qui te fera plaisir.

Les sauvages non plus n'ont pas tout de suite ce sentiment. Il y a bien des tribus où, si vous offriez de la monnaie, fût-elle d'or, cela ne leur dirait rien du tout, et où il faut donner des objets en nature. Tel est le cas, en ce moment, des paysans russes : ils ne cèdent les produits de leurs terres que contre des produits manufacturés et refusent la monnaie : il est vrai que celle qu'on leur offre n'est pas tentante.

Comment expliquer cette puissance de la monnaie ?

La première raison, c'est que, comme je viens de

le dire tout à l'heure, c'est l'instrument universel des échanges, ce qui revient à dire en d'autres termes que celui qui a la monnaie sait qu'il aura en échange tout ce qu'il désire, à moins qu'il ne se trouve dans un désert ou dans quelque « petit trou ». Aucun marchand professionnel ne refusera de lui céder l'objet qu'il désire en échange de son argent, pourvu toutefois qu'il en ait une quantité suffisante.

Voilà la supériorité de la monnaie sur tout autre objet, même le plus précieux. C'est que celui qui possède de grandes richesses, collection de tableaux, pierres précieuses, objets d'art, ne pourra s'en servir comme instruments d'échange qu'à la condition de les convertir préalablement en monnaie par la vente, de les « réaliser », comme on dit, expression curieuse qui implique que la monnaie est, en fait de valeur, la seule réalité! En effet, celui qui a de la monnaie est dispensé de cette opération préliminaire. Il a la jouissance immédiate au lieu d'être parfois obligé d'attendre un certain temps avant de réaliser. Il est immédiatement servi. Il sait que cette richesse qu'il possède sous forme de monnaie trouvera toujours acquéreur — et c'est la seule dont on puisse en dire autant.

Nous avons vu pendant dix ans, dans nos départements du Midi de la France, les viticulteurs qui avaient leurs celliers remplis de vin sans aucune valeur parce qu'ils ne pouvaient le vendre, c'est-à-dire le convertir en argent.

Non seulement la monnaie trouve toujours preneur, mais elle fait l'objet du désir intense de tout le monde; par conséquent, elle donne à celui qui la possède non pas seulement ce que j'appelais tout à l'heure le pouvoir d'achat, au sens économique du mot, mais un pouvoir de commandement. Ce n'est pas pour rien que dans les lettres de commerce on emploie les formules : « faites vos commandes » et « nous attendons vos ordres » ou « tout à votre service ». Ce ne sont pas uniquement des formules protocolaires; elles sont l'expression vraie de la situation que donne la possession de la monnaie, non seulement pour commander des marchandises mais pour commander le travail. On peut ainsi se procurer des services de toutes catégories, non seulement des services honorables mais même des services déshonorants.

Ce n'est pas la seule raison qui explique ce que j'appelais tout à l'heure le pouvoir magique, le rôle de talisman, de la monnaie. Il y en a une autre; c'est que la monnaie emmagasine la valeur comme ces accumulateurs de force électrique qui la débitent au fur et à mesure des besoins. Dans une lampe de poche électrique il y a un petit accumulateur et vous n'avez qu'à presser un bouton pour obtenir la lumière. Il en est de même de la monnaie. Elle représente une puissance dont le propriétaire se servira quand il voudra. Voyez le paysan qui revient du marché où il a vendu son beurre ou ses œufs ou son vin; il a reçu en échange un sac de monnaie ou une liasse de billets. Il peut l'employer tout de suite, c'est-à-dire la dépenser, comme on dit, en achetant les objets dont il a besoin pour sa consommation. Mais il peut aussi garder cette somme, « l'épargner », la mettre dans le bas de laine légendaire du paysan français d'autrefois ou dans le portefeuille du paysan d'aujourd'hui et l'y laisser. Dans dix ans, dans vingt ans, et même, quand il sera mort, pour ses héritiers cette valeur n'aura pas changé. Ils la feront sortir immédiatement comme en pressant la lampe électrique on fait jaillir la lumière. Ils jouiront de la monnaie amassée par le père ou le grand-père. Et s'il l'a mise en terre, craignant la guerre ou la révolution, peut-être que dans cent ou mille ans on trouvera le trésor — car cela s'appellera un trésor — et l'heureux découvreur disposera de toute la valeur endormie qui se réveillera entre ses mains comme la Belle au Bois Dormant dans les bras du prince.

Peut-être direz-vous encore ici que ceci n'est pas spécial à la monnaie et que celui qui découvrirait aujourd'hui une nouvelle Vénus de Milo — ou même seulement l'un des deux bras de celle du Louvre — pourrait être riche avec son trésor? Peut-être bien, parce que le marbre et le bronze participent à ce beau privilège de l'immortalité. Mais il n'y a pas beaucoup de richesses dont on pourrait dire autant. Le paysan que je citais, s'il avait voulu thésauriser avec son blé, qui est pourtant une des marchandises se conservant le mieux, n'aurait plus rien au bout de quelques années, car sa récolte aurait été perdue, rongée, détruite de façon ou d'autre.

Et pourtant il faut rectifier cette assertion que

l'or ou l'argent conservent intégralement leur valeur à travers les âges : c'est leur matière seule qui brave le temps, mais non leur valeur. Le trésor enfoui au temps des Croisades, s'il reparaît un jour, n'aura plus la valeur qu'il avait pour celui qui l'avait caché en terre, c'est-à-dire qu'il n'aura plus le même pouvoir d'achat; il aura perdu peut-être les 5/6 de ce pouvoir — et remarquez que je ne parle qu. du franc-or, ce serait bien autre chose si je parlais du franc-papier actuel! La monnaie métallique, même celle d'or, est comme ces flacons d'essence qui, si bien clos qu'ils soient, laissent, dans le cours des années, évaporer une partie de leur parfum. La monnaie, elle aussi, laisse évaporer une partie de sa valeur; pourtant, elle en retient encore, malgré tout, plus que n'importe quelle marchandise.

Mais voici un autre privilège de la monnaie. Puisque celui qui la possède peut se procurer tout ce qu'il veut, il se trouve donc dispensé de travailler pour produire ce dont il a besoin. Tout homme en ce monde semblait soumis à la loi du travail : tu travailleras à la sueur de ton front — mais celui qui possède cette marchandise est exempté de la loi. N'y a-t-il pas là un privilège tout comme celui qui conférait aux nobles d'autrefois l'exemption de l'impôt?

L'économiste Bastiat, un des maîtres de l'école classique optimiste, dans le très beau livre intitulé *Les Harmonies Economiques*, où il cherche à justifier, au point de vue de la morale, tous les phénomènes économiques, remarque bien ce fait que la monnaie dispense celui qui la possède de travailler; mais il n'en est point choqué parce que, dit-il, la monnaie elle-même représente un travail accompli. Il suffit de se reporter à ce mécanisme que j'expliquais tout à l'heure de la vente et de l'achat pour voir que les hommes ne se procurent la monnaie que par la vente : — or que peuvent-ils vendre sinon les produits de leur travail ou leurs services? C'est vrai théoriquement. Bastiat ajoute : Il faut vous représenter chaque pièce de monnaie comme portant cette devise : « Bon, représentant tel travail accompli, tel service rendu, et donnant droit à son possesseur de réclamer une valeur équivalente ». La valeur acquise contre argent ne représenterait donc qu'une sorte de remboursement.

Et même si vous vous reportez à l'exemple du

trésor trouvé, peut-on dire que chacune des pièces qui le constituent a représenté le travail de quelque ancêtre?

Oui, mais rien ne prouve que ces pièces n'aient pas été volées à celui qui les avait gagnées et qu'elles n'aient été déposées là par quelque baron qui les avait extorquées à ses serfs. Seulement la possession de la monnaie a cet avantage de dispenser de toute enquête sur la légitimité de ses origines, ou sur la véracité de l'attestation qu'elle porte gravée en caractères que Bastiat seul savait lire. L'argent n'a pas d'odeur, comme disait un empereur romain, ce qui veut dire qu'il est aussi bon d'où qu'il vienne.

Mais fût-il même prouvé que toute pièce de monnaie représente un travail passé, n'est-ce pas un privilège un peu exorbitant que ce travail mort suffise pour dispenser son possesseur du travail présent?

Je me souviens que lorsque j'étais au collège on y pratiquait un système qui, heureusement, n'est plus d'usage aujourd'hui : on donnait aux bons élèves des « exemptions », c'est-à-dire qu'à celui qui avait bien fait ses devoirs on donnait un bon de 100, 200, 1.000 lignes; lorsqu'il était puni, il n'avait qu'à remettre le bon de valeur correspondante et ainsi se trouvait dispensé de faire son pensum. N'était-ce pas identiquement ce qu'est la monnaie dans la définition optimiste de Bastiat : une exemption de travail, de pensum, de toute corvée? Quoique j'eusse le plus souvent bénéficié de ce régime éducatif, ce n'est pas sans quelques remords que je voyais mes camarades moins riches en exemptions condamnés à faire leur tâche. Et ce même scrupule ne peut-il pas se poser à propos de la monnaie?

Laissons donc de côté toute préoccupation de moraliser la monnaie : elle n'a pas plus de fondement que celle inverse de certains moralistes ou socialistes qui voient dans la monnaie un instrument d'exploitation et de perdition, les trente deniers pour lesquels l'homme a vendu son âme à Satan. Si chaque pièce d'or pouvait raconter son histoire, elle ne serait assurément pas toujours édifiante. La même pièce qui a servi à récompenser le travail du laboureur ou l'épargne de la mère de famille va demain passer entre les mains d'un usurier — mais en quoi en est-elle responsable?

La monnaie est un des plus admirables instruments inventés par l'homme, tout comme l'alphabet ou le système décimal et qui, tout comme ceux-ci, peut servir indifféremment au mal ou au bien. Un instrument, dis-je, c'est bien le mot au même sens que les instruments de mesurage, le mètre, les poids, les litres. Toute marchandise est mesurée par la quantité de monnaie contre laquelle elle est échangée. Ce double contrôle, ce double mesurage, par lequel passe toute chose, vous savez bien comment il s'appelle : c'est *le prix*. Le prix des choses c'est précisément la mesure de leur valeur en monmonnaie.

Voilà donc l'idée de mesure introduite dans les rapports économiques. Et ce n'est pas peu de chose que l'idée de mesure introduite dans une science! L'Economie politique n'est devenue une science, et ne pouvait le devenir, que du jour où elle a trouvé dans la monnaie un instrument de mesure qui lui permît de ramener toute valeur à une notion quantitative.

L'or et l'argent peuvent se peser très exactement, et pendant bien longtemps, dans les échanges, la monnaie est intervenue sous cette forme, c'est-à-dire sous celle d'une certaine quantité soit d'un lingot d'argent, soit de poudre d'or qu'on pesait. Naguère en Chine les marchands portaient tous une balance et à chaque vente ou achat ils se servaient de la balance — non pour peser la marchandise comme fait aujourd'hui le boucher ou l'épicier, mais pour peser la monnaie. Ce fut une idée de génie que d'employer des lingots tout pesés d'avance, d'un poids déterminé et connu, et de les frapper d'un sceau destiné à garantir l'exactitude du poids. On ne sait pas exactement qui le premier a frappé la monnaie, mais on sait que ce fut dans l'Asie grecque, tout près de cette Phénicie qui nous a donné l'alphabet.

C'est à ce moment-là seulement que s'ouvre l'ère de la monnaie proprement dite, telle que nous la connaissons, de la monnaie frappée. Tout ce qu'on appelle les unités monétaires, le franc, la livre, le mark, la couronne, le dollar, le florin, sont de petits lingots d'un poids fixé par la loi : le franc, par exemple, c'est un lingot de 5 grammes d'argent avec une certaine proportion de cuivre.

C'est l'Etat qui met sa signature sous forme d'un portrait du souverain ou d'une image conventionnelle, pour attester que le lingot pèse bien le poids indiqué. Et ceux qui contrefont cette signature, c'est-à-dire les faux-monnayeurs, sont punis des peines les plus sévères; au Moyen-Age ils étaient jetés dans une cuve d'huile bouillante. Ces abominables sanctions avaient pour excuse la nécessité de donner au public toute confiance dans cette signature de l'Etat marqué sur le lingot.

C'est seulement depuis l'apparition de la monnaie qu'on a pu mesurer la valeur de toute marchandise et aussi la valeur des services de chacun. Quand nous voyons dans la Bible qu'Abraham ou Job étaient très riches, qu'ils avaient de grands troupeaux et beaucoup de serviteurs, cela ne nous dit pas grand chose sur leur fortune. Tandis qu'aujourd'hui, nous savons, à un centime près, quelle est la fortune exacte de n'importe quel citoyen. Le fisc le sait aussi! et c'est bien heureux pour lui, car que ferait-il s'il n'avait pas un instrument de précision lui permettant de faire ses calculs d'impôt sur le revenu. Et ce n'est pas seulement pour le fisc que ce mesurage est indispensable, c'est aussi pour quiconque est « dans les affaires ». Que fait le marchand? Il calcule sur son livre le prix d'achat de sa marchandise, puis le prix de vente : il fait la différence entre ces deux chiffres — et la différence constitue son profit ou bénéfice.

Sans la monnaie la réalisation du juste prix est impossible et je n'entends pas seulement juste prix au sens arithmétique comme quand on dit : l'addition est juste — j'entends au point de vue moral. Dans les pays d'Afrique où cette mesure exacte de la monnaie n'existe pas, où l'on en est encore au système du troc, le commerce ne peut se faire qu'en mettant des différences énormes entre le prix d'achat et le prix de vente, c'est-à-dire en vendant les objets trois et quatre fois leur valeur. Et si les Noirs sont victimes de l'exploitation la plus éhontée, c'est en partie au manque de monnaie, permettant de fixer un juste prix, qu'elle est due. L'avènement de la monnaie est pour eux une libération.

LA VALEUR FIDUCIAIRE — Qu'est-ce qui fait la valeur de la monnaie ? Je viens d'indiquer pour quelles raisons la monnaie d'or est supérieure aux autres richesses — parce qu'elle permet d'acquérir tout ce qu'on désire, parce qu'elle permet de commander le travail d'autrui et exempte du travail personnel, parce qu'elle permet de conserver indéfiniment la valeur — c'est entendu! mais pourquoi possède-t-elle toutes ces qualités?

J'ai dit que l'or et même l'argent avaient été choisis comme monnaie parce qu'ils étaient beaux et avaient fait de tout temps l'objet des désirs des hommes, aussi bien pour faire des parures pour les femmes que des couronnes aux rois. Il en est encore ainsi dans ces pays d'Orient dans lesquels la pièce d'or ou d'argent sert tout à la fois de moyen d'échange et de parure, et où la dot des jeunes filles est composée des sequins cousus à leur ceinture ou à leur robe.

Mais nous avons passé cet âge-là. Chez nous, si l'or ne devait servir qu'à fabriquer des colliers, bagues, bracelets, boîtiers de montre, et l'argent à faire de la vaisselle ou des couverts, ce ne serait pas suffisant pour supporter la valeur de cet énorme édifice d'une centaine de milliards qui compose aujourd'hui le stock monétaire des peuples civilisés. Il faut qu'il y ait quelque autre support à cette valeur. Quel est-il donc? La seule explication que vous trouverez dans la plupart des livres d'économie politique, c'est que la monnaie est aussi une marchandise et a pour toute valeur la valeur marchande du lingot dont elle est formée. A notre question : pourquoi la pièce d'or de 20 francs vaut-elle 20 francs, on répond : parce que vous n'avez qu'à la porter chez un orfèvre et qu'il vous donnera vingt francs. Et même vous pouvez la faire fondre ou en effacer l'empreinte à coups de marteau, elle ne perdra pas pour cela un sou de sa valeur — ce qui prouve que celle-ci est indépendante de sa valeur monétaire. Le sceau de l'Etat et le chiffre inscrit dessus sont comme l'étiquette fixée sur la marchandise : elle *dit* la valeur mais ne la crée pas.

Mais alors comment expliquer la valeur du billet de Banque? Ce n'est assurément pas par la valeur intrinsèque du papier qui le constitue, quoique ce soit du fort beau papier et qui coûte fort cher. — C'est, répond-on, parce que ce billet n'est que le signe d'une somme d'or ou d'argent égale à celle qu'il annonce et contre laquelle il peut s'échanger à la volonté du porteur.

En temps normal, soit! mais les billets de banque ne sont plus remboursables. La Banque de France serait bien en peine de rembourser les 38 milliards de billets mis en circulation, car elle n'a dans sa caisse que 6 milliards environ d'or ou d'argent. Quant à l'Etat — que certaines personnes croient, bien à tort d'ailleurs, tenu de rembourser les billets — il en serait également incapable, n'ayant pu jusqu'à présent rembourser à la Banque les 27 milliards qu'il lui a empruntés. Il ne faut donc pas dire que le billet de banque est échangeable contre de l'or, ni qu'on puisse expliquer par là sa valeur. Et même en temps normal l'explication est insuffisante, car lorsque nous recevons un billet de banque, nous ne pensons guère à aller à la Banque de France pour l'échanger contre de l'or ou de l'argent. On prend le billet de banque non pour se le faire rembourser mais pour le dépenser et parce qu'on a la ferme confiance — justifiée par l'expérience de tous les jours et d'ailleurs sanctionnée par la loi — que lorsqu'on voudra faire un achat quelconque, ou payer une dette, le marchand ou le créancier acceptera ce billet de 100 francs comme valant 100 francs.

Et même quand il s'agit de la monnaie métallique, personne n'a jamais eu l'idée, quand il reçoit une pièce d'or ou d'argent, de se dire : je vais aller la vendre chez l'orfèvre ! — On prend la pièce d'or ou d'argent parce qu'on sait que n'importe qui la prendra également pour la même valeur. Ce qui revient à dire que ce qui fait la valeur d'une monnaie, c'est la confiance unanime que chacun prendra cette monnaie (1).

La valeur de la monnaie repose donc sur une convention réciproque de tous les porteurs — soit, quand il s'agit d'une monnaie nationale comme le billet de banque, tous ceux d'un même pays; soit, quand il s'agit d'une monnaie internationale comme l'or, tous ceux du monde entier — que chacun l'acceptera. De même que dans les parties de cartes, au lieu de se servir de monnaie, on se sert souvent

(1). Remarquez que s'il est vrai que le lingot d'or qui constitue la pièce de 20 francs vaut sur le marché 20 francs, ce n'est point parce que l'or sert à faire des bijoux : c'est parce qu'il sert principalement à faire de la monnaie. Les principaux acheteurs d'or ce ne sont pas les orfèvres mais les Hôtels de la Monnaie. C'est donc un raisonnement en cercle, comme on dit, et en cercle vicieux.

S'il était vrai que la valeur de la monnaie n'eût d'autre base que la valeur marchande du métal, elle ne serait que peu de chose. Et pour s'en convaincre il suffit de se demander ce qu'il resterait de la valeur de ces pièces du jour où elles seraient démonétisées.

de jetons ou de fiches blanches, vertes ou rouges, qui ont une valeur convenue et qui sont acceptées comme telles à la fin de la partie sans s'occuper de leur valeur intrinsèque — de même fait-on pour les monnaies, avec cette différence que ces jetons d'or ou d'argent, au lieu d'avoir leur valeur fondée simplement sur la convention de quatre partenaires d'une table de whist ou de bridge, l'ont assise sur la convention de plusieurs centaines de millions d'hommes.

Ce caractère conventionnel de la valeur se retrouve d'ailleurs à la base de toutes les richesses; quand une femme paye un collier de perles 100.000 francs, c'est parce qu'elle croit qu'il la fera belle — et si un nouveau riche achète un château, c'est parce qu'il croit qu'il le rendra heureux. Il se peut qu'ils se trompent l'un et l'autre, mais qu'importe. Toutefois, quand il s'agit des richesses en nature, cet acte de foi est comme masqué par les qualités réelles, naturelles, de ces biens, par la beauté des perles, l'agrément et le confort du château, tandis que quand il s'agit de monnaie d'or ou d'argent ou d'un sale billet de banque, ici il n'y a pas d'erreur; il n'y a dans la matière qui sert de support à leur valeur aucune ou bien peu d'utilité réelle : leur valeur n'a d'autre base que le crédit qui leur est attribué par chacun et par tous.

Cela revient à dire que ce qui fait, en dernière analyse, la valeur de la monnaie, c'est, comme le disait le sociologue Gabriel Tarde, la foi. C'est un simple acte de foi réciproque où chacun croit à la valeur d'une chose parce que l'autre y croit, et ces confiances s'arc-boutent mutuellement de façon à rendre l'édifice aussi solide qu'une cathédrale. Mais si elles viennent à céder, tout croule. C'est ce que nous voyons en ce moment dans une grande partie de l'Europe.

CHAPITRE IV

LA PROPRIÉTÉ ET L'HÉRÉDITÉ

On entend dire souvent que la propriété est le fondement de l'ordre social. C'est, en tout cas, une des plus grandes institutions non seulement de l'économie politique mais de la civilisation. Nous n'avons pas la prétention d'en faire le tour dans ce petit chapitre, je me bornerai seulement à vous montrer combien ce « fondement de la civilisation » a été long à se former, et comment il est en train de se transformer, ou plus exactement de se déformer.

ÉVOLUTION DE LA PROPRIÉTÉ — Nous avons déjà vu l'appropriation apparaître sous la forme la plus élémentaire, celle nécessitée par le besoin physiologique de l'alimentation : l'ingestion de ce qu'on mange, ce qu'on avale, ou tout au moins ce qu'on porte à la bouche — comme chez les enfants ou les écureuils dont je vous ai raconté l'histoire. Voilà la prise de possession la plus incontestable : à vrai dire, elle se confond avec la consommation.

Mais le sentiment de l'appropriation s'étend rapidement à tous les objets que la main peut saisir et toucher. Tous les étudiants en droit savent qu'en droit romain le mode essentiel de la propriété s'appelait la « mancipation » qui vient de deux mots latins qui veulent dire : prendre avec la main. Donc, originairement, seuls les objets qu'on pouvait saisir et manier étaient considérés comme les objets appropriables. Et tel est le cas tout naturellement des objets qui sortent des mains de l'homme sous forme de produits de son travail. Ce sont d'abord les premiers instruments et les premières armes : la pierre taillée ou polie, les vêtements ou parures. Plus tard, ce furent les animaux domestiques. Des animaux domestiques elle passe aux esclaves. Les femmes même ont été parmi les premiers objets de la propriété. Au début, la maison aussi était un objet mobilier : c'était la tente des peuples nomades. Dans ses humbles origines, l'abri, la hutte, la tente, ne se distinguaient guère du vêtement. Pour l'escargot, qu'est-ce que sa coquille ? Dira-t-on que c'est son habit ou sa maison ? Pour le sauvage aussi, l'abri est lié à la personne : c'est pourquoi il est devenu objet de propriété. Les animaux eux-mêmes ont très bien le sentiment de la propriété en ce qui concerne leur gîte ou leur niche. Pourtant ici déjà la propriété change un peu de caractère : au lieu d'être uniquement individuelle, comme l'arc et les flèches, ou la parure — elle devient familiale. La maison n'est pas seulement la propriété de l'homme, mais aussi et surtout de la femme, des enfants. Comment le nid de l'oiseau ne serait-il pas un objet de propriété ? C'est la plus sacrée de toutes les propriétés, et il n'y a pas dans toute la gent volatile d'oiseau plus méprisable que celui qui vole le nid d'autrui et qui s'appelle le coucou.

Et ce n'est pas seulement l'objet de la propriété qui change, c'est aussi son fondement. Quand il s'agissait de la propriété individuelle, c'était le travail ou l'occupation qui la créait. Mais la propriété de la maison, ce qui la crée c'est le rapprochement des sexes et l'éducation des enfants. Pour tout dire en un mot, c'est l'amour qui crée ce qu'on appelle en français d'un si beau mot — bien supérieur au mot anglais « home » — *le foyer.*

Mais faisons un pas de plus. Autour de cette maison, dès le jour où elle n'est plus la tente du nomade ou la grotte de l'homme des cavernes, mais qu'elle est devenue la maison proprement dite, le foyer, comme nous l'appelions tout à l'heure, c'est-à-dire une demeure stable — la propriété rayonne tout autour d'elle comme la lumière autour d'un véritable foyer. Elle enveloppe tout ce qui est proche, le petit jardin, le terrain qui sert à nourrir la famille. La première forme de la propriété immobilière apparaît ainsi comme simplement la dépendance de la maison.

Chez les Romains — c'est toujours à eux qu'il faut en revenir quand on étudie l'origine et l'histoire de la propriété foncière — jusqu'aux guerres puniques, c'est-à-dire 200 ans avant Jésus-Christ, il n'y avait pas d'autre propriété foncière qu'une petite étendue de terrain (que l'on appelait *juger* et qui ne dépassait pas un quart d'hectare) autour de la maison.

Mais la propriété ne s'est pas renfermée dans ces étroites limites que la main peut toucher ou que le regard embrasse. Au fur et à mesure que la charrue défrichait le sol, la propriété a suivi la charrue jusqu'au bout du sillon et là elle a planté la borne sacrée qu'un dieu garde, le dieu Terme.

Mais cette borne qu'elle-même a plantée, va-t-elle la respecter? Non, insatiable, la propriété va s'étendre indéfiniment en absorbant la terre vacante jusqu'à ce qu'elle l'ait toute recouverte. Elle va devenir « la grande propriété », celle qui deviendra une institution non plus seulement économique mais politique, celle qui créera le régime féodal et la noblesse. Mais de quel droit? Car lorsqu'il s'agissait de propriété mobilière ou même de la petite propriété foncière — soit de ces objets mobiliers que l'homme saisissait dans sa main, soit de la maison qu'il habitait où il installait son foyer et ses dieux pénates, soit du coin de terre qu'il labourait de sa charrue — on voyait une prise de possession matérielle, mais à mesure que la propriété s'étend et qu'elle couvre la terre, sur quoi s'appuie-t-elle? Ce n'est plus sur l'occupation effective que peut se baser la propriété d'immenses domaines comme ceux de l'Angleterre, de la Russie, de l'Italie, de l'Amérique, comprenant des milliers d'hectares. Ce

n'est pas non plus sur le travail de leurs possesseurs, car ces grands domaines n'ont été cultivés
— quand ils l'ont été — que par le travail des
esclaves, des serfs, ou des fermiers de leurs possesseurs. Quels sont donc les titres originaires de la
grande propriété? C'est la conquête. L'histoire ne
peut laisser de doute sur ce point. C'est la conquête,
soit celle par les armes d'abord, qui a créé les premiers grands domaines, soit plus tard celle réalisée
par l'expropriation des propriétaires primitifs, au
moyen de lois que la classe conquérante faisait elle-
même. Les Romains n'entretenaient pas d'illusions
à cet égard. La propriété du sol qu'ils considéraient
comme la plus respectable c'était celle créée par
la guerre : le mot de propriété « quiritaire », qui
désigne chez les Romains la propriété par excel-
lence, la propriété-type, la propriété de droit, est le
mot qui désignait l'homme portant la pique du sol-
dat. C'était la propriété créée par le fer, non le fer
de la charrue mais le fer de la lance! *sub hasta.*

Ce même mode d'acquisition de la propriété a
continué à travers les âges. Si nous prenons encore
un pays comme l'Angleterre, par exemple, nous
voyons ces deux actes successifs dont je parlais tout

à l'heure dans la formation de la propriété des land-
lords anglais. D'abord la conquête normande où,
après que l'Angleterre a été conquise, la terre anglaise a été partagée entre une série de domaines
inscrits sur le fameux *Domesday Book* qui est le
Registre officiel du partage de la terre anglaise
entre les conquérants. Puis beaucoup plus tard, ces
premiers domaines des nobles se sont agrandis, simplement en accaparant dans leurs limites les petits
domaines des anciens possesseurs qui avaient
échappé au premier partage de la conquête.

Plus tard ce fut le tour de l'Irlande et on sait
quelles ont été les conséquences politiques de cette
dépossession ! Un prédicateur irlandais racontait
une fois devant un auditoire de paysans qui en tré-
pignaient d'aise, quoique les Sinn-Feiners ne
fussent pas encore inventés, cette histoire : « J'étais
entré l'autre jour, sur la terre d'un propriétaire qui
me dit : Sortez de là, cette terre m'appartient. —
Je lui dis : Pourquoi? De qui la tenez-vous? — Il
me répondit : de mon père. — Et votre père de qui
la tenait-il? — De mon grand-père. — Et votre
grand-père? — Alors, impatienté, il dit : Il l'avait
eue en se battant pour l'avoir. — Bravo, lui dis-je,

habit bas! nous allons nous battre aussi pour savoir qui l'aura. »

Nous n'avons cité les Iles Britanniques que comme exemple, mais l'histoire a été la même partout, même en Amérique. Quand on cite les pionniers comme les représentants-types de la propriété la plus sacrée, ceux qui ont conquis la terre américaine par la hache du bûcheron et la charrue, on oublie que d'abord ils l'ont prise, cette terre, en dépossédant les Peaux-Rouges. Il en est de même dans toutes les colonies et il ne faut pas oublier que tous nos vieux pays d'Europe ont été à une date quelconque des colonies — la Gaule a été une colonie romaine, puis franque — et la même histoire a recommencé dix fois.

Ces origines de la propriété foncière n'incriminent point les propriétaires actuels, car elles ont été depuis longtemps recouvertes et purgées par une série de transferts, d'achats, d'héritages, mais sous cette superposition « de titres de propriété », comme on les appelle en droit, et surtout sous ce titre qui s'appelle la prescription, si l'on remonte assez loin, la conquête n'en demeure pas moins à l'origine de toute la propriété foncière.

Si on pouvait trouver quelque part, dans le monde, même en France, qui est de tous les pays peut-être celui où la propriété de la terre est la mieux assise, une terre qui depuis le jour où pour la première fois l'homme y a posé le pied et l'a défrichée, fût restée telle entre les mains du travailleur et de ses héritiers, épouse fidèle du travail de l'homme, ce serait une curiosité qu'il faudrait mettre sous verre avec une inscription commémorative, car ce serait le monument le plus rare de l'histoire.

Mais la propriété ne s'en est pas tenue à l'envahissement de la terre. Elle va faire un bond de plus : elle va devenir propriété immatérielle, combien différente de cette propriété originelle dont nous parlions tout à l'heure, de ces produits qui peuvent être saisis par la main de l'homme! elle deviendra ce qu'on appelle .« une valeur mobilière ».

C'est ce qui constitue aujourd'hui la fortune de la plupart de nous. Sans doute il y en a bien encore quelques-uns qui sont propriétaires de maisons, de terres, d'immeubles. Mais la plupart de ceux qui forment ce qu'on appelle la classe bourgeoise ou la classe capitaliste, ont leur propriété « en portefeuille », comme on dit, c'est-à-dire sous forme de morceaux de papier bariolés couverts de chiffres et d'images. Les uns représentent une part de propriété dans les mines d'Anzin ou dans les chemins de fer de P.-L.-M., ou dans le Canal de Suez, ou dans des mines lointaines comme celles du Transvaal ou de Rio-Tinto. Les propriétaires ont-ils vu ces mines ou ces canaux? Jamais. Savent-ils même où ils sont? Pas tous. Et ces titres de propriété ne sont même pas à leur nom. Ils sont au porteur, comme on dit. Ils sont anonymes. Ce sont de simples numéros qu'ils détiennent. Et quand je dis qu'ils les ont en portefeuille, j'exagère encore. Ce ne sont que les petits bourgeois qui gardent leurs titres chez eux. Les riches les déposent chez leur banquier. Celui-ci leur donne alors tout simplement un récépissé de ces titres avec un carnet de chèques sur lequel, quand ils ont un achat ou paiement à faire, ils inscrivent la somme dont ils ont besoin. Le carnet de chèques, voilà la propriété d'aujourd'hui, la grande propriété, celle des riches.

Les premières propriétés individuelles étaient

comme attachées à la personne, comme des espèces d'organes qui externaient sa personnalité — comme la coquille de l'escargot. Ici, nous voyons une forme de la propriété qui s'est désincarnée, qui est comme ce que les spirites appellent le « corps astral », qu'ils croient exister autour du corps matériel.

Cette évolution dans l'objet de la propriété a été mise en lumière d'une façon saisissante par Jaurès, dans ses « Etudes socialistes ».

« La propriété du paysan, dit-il, est un morceau de sa vie. Elle a porté son berceau; elle est voisine du cimetière où dorment ses aïeux, où il dormira à son tour; et du figuier qui ombrage sa porte il aperçoit le cyprès qui abritera son dernier sommeil. Sa propriété est un fragment de la patrie immédiate, de la patrie locale, un raccourci de la grande patrie... Autrefois, les hommes ne recouraient aux journaux que pour s'informer de ce qui n'était point leur propre vie. Ils n'achetaient point le journal pour savoir quelle était leur fortune et quels seraient leurs revenus. Maintenant il n'y a guère de possédant bourgeois qui ne soit obligé de lire des journaux financiers pour savoir où en est sa propre fortune. La propriété est devenue si étrangère au pos-

sédant que c'est par la voie du journal que le possédant reçoit des nouvelles de sa propriété ».

C'est absolument exact. Voyez ceux qui achè-
tent un journal du soir : ne commencent-ils pas par
aller à la dernière page et regarder la cote de la
Bourse, ce qu'on appelle le « cours des valeurs » ?
Ils regardent combien valent leurs actions, leurs
titres de rente, leurs obligations, et c'est le journal
qui leur apprend s'ils sont devenus dans la journée
plus riches ou plus pauvres, et de combien.

Mais sous cette forme-là, la propriété ne risque-
t-elle pas de se volatiliser ? Je ne l'entends pas en
ce sens qu'elle serait exposée à plus de risques
que la propriété sous la forme matérielle. Non,
au contraire : elle risque moins d'être volée ou perdue que l'argent que serre le paysan dans son
armoire, car c'est le banquier qui en a la garde et il
la garde bien. Mais elle est plus précaire en ce
sens qu'au jour d'une Révolution il suffirait de
souffler sur tous ces chiffons de papier pour les
faire envoler.

Ce n'est pas seulement en ce qui concerne son
objet que la propriété a évolué au cours des âges,
c'est aussi en ce qui concerne ses droits.

Quels sont en somme les caractères de la propriété, car jusqu'à présent nous avons raconté son histoire, mais nous ne l'avons pas définie. Qu'est-ce donc ce qu'on appelle la propriété privée, individuelle? C'est le droit de posséder une chose privativement, comme on dit, c'est-à-dire à l'exclusion de toute autre personne. A l'origine, la propriété n'était autre chose que le droit d'user d'une chose en vue de la satisfaction de ses besoins, mais comportait-elle cet attribut qui paraît inséparable : le droit d'échanger sa chose contre celle d'autrui? Non, sans doute, car nous avons déjà vu que l'échange est un acte qui suppose déjà un effort moral et des conditions économiques assez complexes. J'ai appelé l'attention, en parlant de l'échange, sur cette répugnance qu'a dû éprouver l'homme à se dessaisir des objets qu'il possédait pour les céder à autrui. Cette répugnance a naturellement disparu du jour où les produits ont été faits précisément pour la vente, c'est-à-dire du jour où, par la division du travail, ils sont devenus comme on dit, des marchandises. Mais la maison et la terre n'étaient pas des marchandises. Elles étaient plus qu'une propriété individuelle, c'était la propriété familiale. Et c'était plus encore, c'était la propriété sacrée par les morts qui y étaient enterrés, sacrée par les dieux pénates qui étaient les ancêtres et auxquels chaque matin on offrait la libation d'huile et de vin; et aujourd'hui encore, dans les religions d'Orient et de Chine l'image des ancêtres trône dans la salle, divinité qui garde la maison. En sorte que la propriété appartenait aux morts autant qu'aux vivants, et elle appartenait aussi à ceux qui viendraient après les vivants : ils y avaient droit. Les choses sacrées ne sont pas dans le commerce.

L'HÉRÉDITÉ.   Cependant, le droit individuel sur la chose a réussi à se dégager peu à peu de la co-propriété collective, même sur la terre, et l'histoire du droit Romain en offre le plus remarquable exemple. Il s'est affirmé par le droit de vendre, de louer, de prêter (voir le chapitre suivant).

Mais si le droit de propriété se consolide ainsi, de plus en plus absolu sur la tête de l'individu, que va-t-il devenir le jour où, par la loi de la nature, cet individu mourra et qu'ainsi le droit de propriété n'aura plus de support? Moment critique en effet! Que va-t-on faire?

S'il s'agit de la propriété sous la forme primitive, on décide que la propriété suivra le propriétaire. Au tombeau les instruments dont l'homme s'est servi! les joyaux dont la femme se parait! au tombeau le chien fidèle avec lequel le maître a chassé, le cheval qui l'a porté à la course ou à la guerre! au tombeau ses esclaves, et ses femmes aussi! Aujourd'hui encore il en reste quelques survivances. On dépose parfois les bijoux dans le cercueil et vous avez vu dans les enterrements des généraux, conduire en main, derrière le cercueil, leur cheval d'armes. On ne le tue plus, il est vrai, mais cela rappelle le temps où il suivait le maître dans la mort. Pour les femmes, vous savez qu'il n'y a pas si longtemps — jusqu'au milieu du siècle dernier, jusqu'au jour où les Anglais ont aboli ce rite cruel — les épouses hindoues étaient brûlées sur le bûcher avec le corps de leur mari.

Mais prenons garde qu'on peut voir là non une extinction mais au contraire une extension et une prolongation du droit de propriété dans une vie future. C'est pour que le mort retrouve sur l'autre rive du tombeau ses armes, ses instruments, ses esclaves et ses femmes, qu'on les enterre avec lui.

Heureuse superstition d'ailleurs — pour nous !
Car c'est à elle que nous devons la conservation de
tant d'objets qui nous ont plus instruits sur les civilisations antiques que ne le feraient beaucoup de
livres, tant d'objets précieux trouvés dans les tom-
beaux égyptiens, étrusques, grecs, gallo-romains, et
qui remplissent nos musées.

Cependant, on ne pouvait enfermer dans le tombeau la maison ni les terres. Qu'en faire ?

Eh bien ! ces biens vont rentrer dans la propriété
collective d'où ils étaient momentanément sortis, soit
dans celle de la famille, soit dans celle de la tribu.

Dans un pays naguère sauvage, aujourd'hui civilisé par les missionnaires protestants, dans le pays
des Bassoutos, en Afrique Australe, quand un indi-
gène meurt, les héritiers ont le droit d'emporter non
seulement les meubles, mais, en outre, tout ce qui
peut se détacher de la maison et qui a pour eux une
grande valeur, les portes, les fenêtres, les poutres
du plafond, les tuiles... Mais la maison — du
moins ce qu'il en reste — revient à la tribu.

Chez les Romains — nous y revenons encore —
la propriété de la maison et de la terre a constitué
pendant longtemps la propriété de la famille. Sans

doute le chef de famille, le *pater familias*, avait des pouvoirs absolus sur tous ces biens comme d'ailleurs sur ses enfants et sur sa femme, justement parce qu'il représentait la famille, comme comme le roi représente l'Etat. Mais quand il mourait, les biens passaient aux mains des autres membres de la famille alors même qu'ils n'en auraient pas voulu (*heredes necessarii*, héritiers obligatoires).

Pourtant la propriété individuelle ne s'est pas résignée à rester simplement viagère : elle a voulu se perpétuer et a cherché une tête, un individu sur qui se poser à chaque décès. Elle l'a trouvée tout d'abord tout naturellement dans la personne du fils, ou proche parent du décédé — non plus sous forme de propriété familiale collective, comme celle de la tribu antique ou encore aujourd'hui de la *zadruga* serbe, mais sous forme de propriété individuelle, c'est-à-dire avec partage des biens entre les survivants. Mais plus tard le droit de propriété s'est posé de préférence sur celui qu'avait désigné le défunt : celui-ci, se survivant ainsi à lui-même, par un acte de dernière volonté. Le droit de tester, c'est-à-dire d'ordonner ce que deviendra la propriété après la mort, est le droit le plus énorme qu'on puisse reconnaître à un individu, et par conséquent la consécration de la propriété de l'individu sous la forme la plus absolue; on ne peut aller au delà.

Toutefois l'hérédité testamentaire n'a pas éliminé la succession *ab intestat*, comme on l'appelle. Le législateur s'est montré même généralement plutôt soucieux de défendre l'hérédité *ab intestat*, c'est-à-dire la propriété familiale, contre la toute puissance de la propriété individuelle sous forme de liberté de tester. C'est ainsi qu'en France le droit pour un homme de disposer librement de ses biens après sa mort, n'est pas reconnu absolument, car le père de famille ne peut disposer que dans une certaine mesure de ses biens — c'est ce qu'on appelle la quotité disponible — mais il ne peut pas dépouiller ses enfants. Cependant la succession *ab intestat* perd de plus en plus de terrain et tandis que naguère les parents les plus éloignés, les cousins au 12° degré, pouvaient en bénéficier, le cercle se restreint de plus en plus et une loi récente vient de réduire la famille successorale aux parents les plus immédiats.

Seulement ce n'est point du tout au profit de la liberté de tester que la succession *ab intestat* est resserrée de plus en plus : c'est au profit de l'Etat, lequel vient prendre la place des héritiers éliminés.

Et ici nous nous trouvons en présence d'un changement de sens dans la marche de l'évolution : après avoir longtemps marché dans le sens de l'individualisation, voici que la propriété tend à redevenir sociale en revenant en quelque sorte à ses origines, évolution en cercle dont l'histoire nous offre maints exemples curieux.

SOCIALISATION DE LA PROPRIÉTÉ Il faut reconnaître que toute propriété est, dans une certaine mesure, le résultat d'une œuvre collective. Il en est de toute propriété comme de celle qui est la plus auguste, la propriété d'un auteur sur son livre. Personne ne songera à contester ce qu'il y a de création individuelle dans une œuvre comme *Polyeucte* ou *Le Cid*, par exemple, et pourtant, si l'on songe à tout ce que Corneille, en écrivant l'un et l'autre, a emprunté à l'histoire et même à d'autres auteurs, on sera obligé de reconnaître en même temps que cette propriété-là a des origines largement collectives. Or, il en est de même de l'artisan qui fait des sabots ou du vannier qui tresse ses brins d'osier ; personne, assurément, ne songe à lui contester son droit de propriété sur ce qu'il appelle les produits de son travail, et pourtant la propriété de ces humbles objets il la doit à tous ceux qui l'ont précédé, à tous ceux qui lui ont appris son métier, à toutes les traditions transmises de génération en génération, sans parler même de ceux qui achèteront ses sabots ou ses paniers et sans la demande desquels ceux-ci ne vaudraient rien du tout, malgré tout le travail qu'ils auraient coûté.

Or, de même que toute propriété a été créée, plus ou moins, par le travail de tous, de même elle doit être employée dans l'intérêt de tous — sauf pour la part qui est consommée par le producteur lui-même, pour ses propres besoins, mais ce n'est qu'une infime portion de la richesse générale.

Ainsi donc la propriété individuelle nous apparaît, pour ainsi dire, comme un moment d'individualisation entre deux états de propriété collective, l'un dans ses origines, l'autre dans ses fins.

C'est le tronc de l'arbre dont les racines plongent dans la terre et dont les branches s'étalent dans le ciel. Mais le tronc est important et il serait imprudent de le couper.

Cependant ceux-là même qui ne sont pas socialistes admettent que la propriété doit devenir de plus en plus sociale, ce qui veut dire qu'elle doit être envisagée au point de vue de l'utilité sociale. On ne se préoccupe donc plus guère de rechercher ses origines ni si elle a pour fondement le travail ou la conquête, l'occupation ou la prescription, ou le droit naturel, mais bien quels services elle a rendus et elle peut rendre encore à l'Economie nationale.

Quelles sont les conséquences pratiques qui découleront de ce point de vue? Voici très brièvement indiquées, quelques-unes des conséquences.

Tout d'abord, puisque la propriété a pour fondement l'utilité sociale, il faut qu'elle se rende utile et le propriétaire qui néglige de retirer de sa propriété les utilités qu'elle comporte n'a plus aucun droit à exercer cette fonction. Par exemple, toute terre est faite pour être mise en culture et un propriétaire n'a pas le droit de la laisser en friche. C'était pourtant toléré jusqu'à la guerre, parce que dans tous les pays on respectait le droit de la propriété sous sa forme romaine telle que nous l'avons exposée dans une précédente leçon, la propriété « quiritaire », le droit absolu d'user, de jouir, et d'abuser. Par conséquent, on admettait qu'un propriétaire était libre de laisser sa terre en friche ou, comme cela s'est fait à maintes reprises en Angleterre, d'expulser des villages entiers de paysans et de faire de ses immenses domaines des terrains de chasse pour y tirer le faisan ou le coq de bruyère. On l'admet difficilement aujourd'hui, depuis que la guerre a donné à cet égard — comme dans beaucoup d'autres domaines — des leçons singulièrement éloquentes.

En France pendant la guerre le gouvernement a décrété que tout propriétaire serait obligé de mettre sa terre en culture et que s'il la laissait en friche, elle serait cultivée par le voisin ou, à défaut du voisin, par la commune. C'est là une illustration remarquable de cette conception nouvelle de la propriété. Il est vrai que la loi n'a pas partout été appliquée, mais cependant elle l'a été en certaines régions. Et même des sociétés ont été constituées précisément pour mettre en culture les terres abandonnées par leur propriétaire.

D'ailleurs, le caractère absolu de la propriété ne se trouve pas chez les peuples issus d'une autre civilisation que celle de Rome. La législation musulmane ne reconnaît le droit de propriété foncière individuelle que sur la terre què le propriétaire a cultivée ou irriguée et, pour reproduire le beau mot qu'emploie le Coran, « vivifiée ». Et quoique malheureusement toutes les terres qui sont tombées sous la domination musulmane aient été aussi peu vivifiées que possible, le principe n'en reste pas moins admirable et supérieur à celui de la propriété romaine. Même en France voici bien des manifestations de cette conception nouvelle. Dans les régions où il y a des terres marécageuses à dessécher, ou des terres sèches à irriguer, ou des terres tellement découpées en petites parcelles que la culture en est quasi impossible, on a le droit d'établir des « syndicats obligatoires », ce qui veut dire des associations de propriétaires qui ont le droit de contraindre les récalcitrants à supporter leur part des dépenses d'assèchement, d'irrigation, ou d'abornement de leurs terres. Il y a là une atteinte à la propriété privée, mais imposée au nom de l'intérêt général, une solidarité obligatoire. Le propriétaire s'écrie : Je suis bien maître de ne pas arroser ou de ne pas assécher mon marais! mais on lui dit : Non, vous n'êtes pas maître de ne pas le faire; vous êtes obligé d'utiliser cette terre pour le bien de tous. Le propriétaire ne peut plus dire égoïstement « ma terre », mais « notre terre ».

Voici encore la loi d'expropriation « pour cause d'utilité publique » — c'est le terme officiel, et il est assez significatif. Mais, cette loi n'était appliquée que dans des cas rares et avec un luxe de précautions pour défendre les intérêts des propriétaires, tel qu'il n'y avait pas de meilleure affaire pour un propriétaire que d'être exproprié et qu'il suffisait qu'une terre, ou une maison, fût « menacée » d'expropriation pour qu'elle acquît aussitôt une énorme plus-value.

Or, cette expropriation pour cause d'utilité publique vient d'être étendue sur la plus vaste échelle dans la plupart des jeunes Républiques récemment écloses sur les ruines de l'Empire russe et même dans plusieurs des anciens pays voisins, tels que la Grèce et la Roumanie. On a décrété l'expropriation partielle de toutes les grandes propriétés. Dans tous ces pays on vient depuis deux ou trois ans de promulguer des lois qui exproprient tous les domaines d'une superficie supérieure à une certaine étendue, variable suivant les pays.

Remarquez qu'il ne s'agit pas ici de substituer

la propriété collective à la propriété individuelle, puisque tout au contraire il s'agit de faciliter la création et la multiplication d'une classe de petits propriétaires. Mais cette expropriation n'en a pas moins un caractère socialiste en ce sens qu'elle tend à abolir la propriété patronale et rentière pour y substituer la propriété assise sur le travail et qu'on juge plus conforme à l'intérêt social.

Au reste, que dire des impôts, surtout avec l'extension formidable qu'ils ont pris depuis la guerre dans presque tous les pays, sinon qu'ils sont une sorte d'expropriation des revenus? Quand on voit, comme en Angleterre, en Allemagne, aux Etats-Unis — et chez nous demain — les grosses fortunes payer à l'Etat la moitié (et même aux Etats-Unis, pour les très gros revenus, jusqu'à 72 %) de leurs revenus, ne faut-il pas dire qu'elles subissent une expropriation de moitié ou des trois quarts — et sans indemnité! Avec l'impôt sur le capital qu'on prépare, l'expropriation apparaîtra bien plus visiblement encore.

Que d'autres exemples de cette mainmise de l'Etat sur la propriété privée, au nom de l'intérêt public, ne pourrait-on pas citer! Par exemple, on défend aujourd'hui aux propriétaires capitalistes d'emporter leurs capitaux au dehors, soit en or ou en argent. A chaque frontière, sont postés des douaniers, qui défendent d'emporter plus de 5.000 francs en billets et rien en or, titres, ou valeurs. C'est une atteinte au premier chef à la propriété individuelle, car une propriété individuelle a pour caractéristique le droit pour le propriétaire de l'emporter. Et voici maintenant qu'on veut supprimer les titres au porteur pour les remplacer par des titres nominatifs afin, précisément, qu'ils ne s'échappent pas sans laisser de traces. Et voici encore que, depuis hier, la loi défend d'exporter les objets d'art. Le propriétaire d'une magnifique galerie de tableaux ne peut plus la vendre à l'étranger et elle se trouve par là perdre une grande partie de sa valeur marchande.

Je ne discute pas la question de savoir si ces mesures sont opportunes; prenons-les seulement comme illustration de cette conception nouvelle de la propriété qui tend à faire du propriétaire un simple gérant de son bien pour le compte de la Nation devant qui il en est responsable.

Ce qui veut dire que la propriété est désormais « une fonction publique ».

CHAPITRE V

LE FERMAGE ET LE PRÊT A INTÉRÊT

LE FERMAGE   La vente, le don, le legs (ou, comme disent les jurisconsultes, le transfert entre vifs ou par décès) ne sont pas les seuls modes pour un propriétaire de disposer de son bien. Il se peut qu'il ne veuille pas aliéner sa chose de façon définitive.

Supposons qu'il possède une terre : il est possible qu'il tienne à la garder pour beaucoup de raisons — parce que c'est un patrimoine de famille qu'il doit transmettre à ses enfants, parce que c'est cette terre qui a donné son nom à ses aïeux, parce que, présentement, elle aide à son élection comme député — mais que néanmoins il ne puisse pas l'exploiter lui-même. En ce cas il prête sa terre à quelque agriculteur, il la donne à ferme, ce qui veut dire qu'il cède à autrui pour un certain laps de temps son droit d'user et de jouir de la chose, à charge pour le fermier de remettre au propriétaire une certaine part des produits ou l'équivalent en monnaie; le premier de ces deux modes est le *métayage*, le second le *bail à ferme* proprement dit. L'un et l'autre sont de très ancienne date.

Il est clair que les mêmes circonstances peuvent se présenter pour le propriétaire de capitaux, soit en nature, soit en argent; il peut ne pas avoir la possibilité ou le désir d'en user immédiatement pour ses propres besoins et en ce cas il les prête à ceux qui les désirent — lesquels, assurément, ne manqueront pas — à charge aussi de lui payer un prix de location qui est l'intérêt.

Cette façon d'employer son bien semble, à première vue, n'avoir que des avantages pour tout le monde.

D'abord pour le propriétaire, parce que s'il s'agit d'une terre il est possible qu'il ne puisse pas lui-même la faire valoir, soit parce qu'il n'habite pas sur les lieux, soit parce qu'il n'a pas les moyens pécuniaires ou les connaissances techniques nécessaires, soit parce que le propriétaire se trouve être une femme mariée qui a d'autres devoirs, ou un enfant mineur, un malade, ou ce qu'on appelle une personne morale, c'est-à-dire un établissement religieux, philanthropique, scientifique.

Ce n'est pas seulement un avantage pour le propriétaire; c'en est un aussi pour la société, parce que s'il n'y avait pas ce mode d'utiliser la propriété, elle resterait en friche.

Avantages aussi de l'autre côté, pour le fermier — notamment parce qu'il est peut-être dans une situation telle qu'il ne pourrait pas acheter la propriété faute d'argent; et même s'il dispose d'un petit capital mieux vaut pour lui le garder pour exploiter la terre, car s'il le dépense tout entier pour acheter la terre, qu'en fera-t-il et comment la cultivera-t-il?

En Angleterre — où, depuis quelques années, le gouvernement, les communes ou les autorités locales, pour encourager la culture, sont tenus de fournir aux travailleurs agricoles qui le désirent, des parcelles de terre, ce qu'on appelle en Angleterre des « allotments » — on leur offre le choix entre ces deux partis : soit de les acquérir en toute propriété, soit de les prendre à ferme pour un long bail;

la plupart préfèrent le second système. Pourquoi? Parce qu'un paysan ayant un tout petit capital de 10.000 francs, par exemple, comprend tout de suite qu'il vaut mieux garder ce capital pour acheter des bœufs, des chevaux, des instruments agricoles, que de les sacrifier pour le vain plaisir de se dire plein propriétaire même sans moyen d'en retirer un revenu!

Le bail à ferme se présente ainsi comme un mode très avantageux pour tous ceux qui n'ont pas les moyens d'acheter un bien en toute propriété et qui, cependant, pourront, grâce à ce système, l'utiliser, le faire fructifier au profit du pays tout entier.

Donc, de quelque côté qu'on considère ce bail à ferme, à première vue, on n'y voit que des avantages pour les deux parties et pour la société tout entière. En même temps, ce contrat paraît parfaitement répondre au sentiment de justice, car ne serait-il pas injuste que le fermier puisse jouir gratuitement de la terre d'autrui — si du moins on admet la légitimité de la propriété?

Et pourtant c'est cette institution du fermage qui a engendré le socialisme sous sa première forme, celle qu'on a appelée « la question agraire » et qui a tenu une si grande place dans l'histoire de Rome, comme d'ailleurs dans celle de tous les peuples jusque dans l'histoire moderne.

Pourquoi? C'est d'abord parce que cette dissociation de la propriété et de la culture a fait perdre au droit de propriété le fondement sur lequel elle s'appuyait, à savoir : le travail. Sans doute, même quand le propriétaire cultive lui-même sa terre, il y a dans le produit, dans la récolte, moisson ou vendange, une part qui n'a pas pour cause unique le travail de l'homme mais qui est due, sinon à la collaboration de la nature, du moins à l'inégale fertilité des terres : c'est ce que les économistes appellent la *rente foncière* et qui est pour eux, depuis plus d'un siècle, un inépuisable thème de méditations et de discussions. Mais si cette rente « non gagnée », disent les Anglais, se révèle à l'analyse scientifique, elle ne se distingue par aucun signe apparent du produit du travail lorsque le propriétaire est en même temps le cultivateur. Au contraire elle saute aux yeux de tous et sous le jour le plus cru, dès que la terre est affermée. Et du même coup on a vu apparaître la division des classes : d'un côté ceux qui travaillent la terre sans en recueillir les fruits; de l'autre, ceux qui recueillent les fruits sans avoir travaillé; division qui n'est pas seulement économique mais est devenue politique, la classe possédante devenant classe gouvernante, légiférante, enseignante, par le seul fait des loisirs que la rente lui procure; la première restant pauvre, ignorante et dépendante, par le seul fait du travail quotidien auquel elle est assujettie.

Cependant, ces funestes effets ne se sont pas fait sentir tout de suite ni pour tous les pays. Aussi longtemps que dans un pays il y a de la terre à discrétion, de la terre « libre », comme par exemple dans un pays neuf, en Amérique ou dans les colonies, dans ces conditions-là, en effet, le bail à ferme n'a que les avantages que j'indiquais tout à l'heure. Mais, peu à peu, soit par l'effet des causes historiques et de la conquête, soit par l'action des lois qui sont faites au profit de la classe possédante, soit même par la pression qui résulte de l'accroissement de la population, il arrive qu'il ne reste plus de terres disponibles en dehors de celles accaparées par les propriétaires du sol et, dans ces conditions, la propriété du sol devient un monopole. Ceux qui la possèdent peuvent fixer le prix qu'ils voudront et la population agricole, qui ne peut avoir accès à la terre que par leur permission, est bien obligée de le payer. Le prix du fermage peut alors augmenter dans de telles proportions que presque tout le produit de la terre et du travail du fermier se trouve prélevé par le propriétaire sous la forme de fermage et qu'il ne reste au cultivateur qu'à peine de quoi vivre.

Pour ne prendre que l'exemple le plus célèbre, voici l'Irlande, où les grands propriétaires, les land-lords, installés par la conquête du temps de Cromwell, avaient pris toutes les terres et où la population ne pouvait plus trouver de ferme qu'à des prix absolument ruineux pour elle. Cette situation a été certainement la cause du terrible problème irlandais que l'Angleterre ne parvient pas à résoudre. Pourtant la question du fermage a fini par être résolue par le rachat des terres par les fermiers à l'aide des fonds avancés par le gouvernement, mais le mal était fait.

Cependant la question agraire a, aujourd'hui, perdu beaucoup de son acuité dans les sociétés

qu'on appelle démocratiques et surtout en France.
Pourquoi? Parce qu'il n'y a plus d'accaparement
de la terre, à proprement parler. Par l'effet de la
loi du partage égal dans l'héritage, comme par
les facilités d'aliénation de la terre, comme aussi
et surtout par suite de la faible densité de la population française et de l'émigration rurale, il y
a assez de terre disponible, sinon pour tout le
monde, du moins pour tous ceux qui en désirent,
lesquels ne sont pas si nombreux qu'autrefois.

Dans ces conditions, les propriétaires de la terre
qui veulent l'affermer, ne jouissent pas d'un monopole, de fait ni de droit, et ne sont pas en situation
de faire la loi aux fermiers — quelquefois ce
sont les fermiers qui la leur font! C'est pourquoi
en France le fermage, généralement, ne dégénère
pas en exploitation.

Il n'en était pas de même dans les pays de
l'Europe orientale où il y avait de grandes propriétés, où la terre fait encore l'objet d'un monopole et où, par conséquent, le fermier se trouve
dans une certaine mesure exploité. Mais précisément en vue de rendre la terre disponible et d'abolir par là le monopole des propriétaires, des lois,

qui datent de deux ou trois ans, limitent l'étendue maxima des terres que pourra posséder le propriétaire : tout ce qui dépasse cette limite est exproprié avec indemnité et offert aux paysans qui ne sont pas propriétaires, soit pour les acheter, soit pour les affermer. Dans ces conditions-là, l'histoire tragique du fermage peut être considérée comme close, mais non celle de la propriété foncière; ceci est une autre affaire.

LE PRÊT A INTÉRÊT — Arrivons à l'autre mode de location qui s'applique non plus à la terre mais à l'argent, et qui porte spécialement le nom de prêt.

Ici encore, à première vue, le prêt d'argent est un mode de disposer de son argent qui ne présente que des avantages pour tout le monde.

Nombreuses les personnes qui ont des capitaux mais qui, pour cent raisons, ne peuvent les faire valoir personnellement en se faisant entrepreneurs d'industrie ou marchands. Que peuvent-elles faire de mieux que de prêter ces capitaux à quelqu'un qui, lui, se chargera de les faire valoir, non seulement dans son intérêt propre, mais aussi dans l'intérêt de tout le monde? Qu'y a-t-il aussi de plus avantageux, pour quelqu'un qui n'a pas d'argent, ou pas le temps de créer un capital par l'épargne — car pour créer un gros capital par l'épargne, il faut toute une vie d'homme et même plusieurs vies — que de trouver ce capital tout prêt qu'il peut utiliser immédiatement, moyennant une faible indemnité qu'il paiera chaque année et qui s'appelle l'*intérêt*?

En somme, le prêt à intérêt est un moyen de mettre des capitaux à la disposition de tous ceux qui n'en ont pas, moyennant une indemnité généralement inférieure à la somme de sacrifices qui incomberaient à l'emprunteur pour créer lui-même ce capital qui lui manque.

Il n'y a donc, ni au point de vue des avantages de part et d'autre, ni au point de vue de la justice, à première vue, rien qui choque dans le prêt à intérêt. Mais ici encore, et bien plus que dans le cas précédent, nous allons voir comment une institution, toute simple et toute bonne en soi, va se pervertir peu à peu de façon à causer des désordres inimaginables dans la société.

Si l'on veut se placer, non au point de vue de l'utilité mais à celui de la justice, le prêt à intérêt paraît tout à fait raisonnable et c'est le prêt gratuit qui paraît une idée absurde, à moins qu'on n'en fasse un acte de charité comme dans certaines œuvres d'assistance. Cela paraît même tellement légitime et juste qu'on se demande à première vue comment la chose a pu être contestée... Et pourtant elle n'a cessé de l'être pendant des siècles! Pourquoi? Parce que, disait-on, ce n'est pas la même chose que de prêter de l'argent ou de prêter une terre. Il y a trois différences essentielles :

1° La terre donne des fruits; il est donc assez naturel que celui qui la loue et qui s'enrichira de ces fruits — en l'espèce le fermier — en restitue une partie au propriétaire, en nature ou en valeur. Et, en outre, c'est visible, tandis que lorsqu'il s'agit d'un sac d'argent ou d'une liasse de billets de banque, on ne voit pas à première vue que ce sac donne des fruits. Une vache produit du lait et des veaux, une poule pond des œufs, une terre porte des moissons; mais un sac d'argent, rien! Et pourtant le mot grec « intérêt » (qui est *tokos*) signifie enfantement. C'est pourquoi le grand philosophe grec Aristote protestait : mais non, disait-il, l'argent ne fait pas de petits!

Il avait raison si le sac d'argent devait être gardé dans un coffre-fort; il est clair qu'au bout d'un an, vous ne trouverez pas dans le sac d'argent un sou de plus. Mais il n'en est plus de même si le sac d'argent est transformé par l'échange en capital frugifère; or rien n'empêche, avec le sac d'argent, d'acheter une vache qui, elle, fera des petits.

2° La terre donne une récolte visible qu'on peut évaluer quantitativement. Quand un propriétaire donne à ferme sa terre, on sait à peu près ce qu'elle donnera d'hectolitres de vin ou de blé, de sacs de pommes de terre ou de paniers de fruits. Sachant ce qu'est le revenu de cette terre, on peut donc apprécier plus ou moins exactement si la part qui reviendra au propriétaire sera juste ou exagérée, surtout si cette part est donnée en nature.

Mais lorsque le prêt a lieu sous forme d'argent, nous n'avons aucune norme qui nous permette de mesurer quel devra être, comme on dit, le « taux de l'intérêt », c'est-à-dire la proportion — relativement au capital — de la somme que devra payer l'emprunteur annuellement. Sera-ce le vingtième, ce qui fait du 5 %, ou le vingt-cinquième, ce qui fait du 4 %, ou le trente-troisième, ce qui fait du 3 % ? Comment le savoir ? En admettant que l'argent ait été employé de façon productive, c'est au loin, peut-être au bout du monde, et peut-être en changeant sans cesse d'emploi. Alors, qu'est-ce qui détermine ce taux de l'intérêt ? C'est uniquement la loi de l'offre et de la demande, c'est-à-dire que l'intérêt pourra monter sans frein dans tous les cas où l'argent sera rare et les amateurs d'argent nombreux, ce qui est plus ou moins le cas dans tous les pays.

On peut voir, dans ces conditions, le taux de l'intérêt atteindre des proportions fantastiques. Il était courant, dans l'antiquité, à Rome par exemple où l'argent était rare, de prendre 1 % d'intérêts du capital par mois, ce qui fait 12 % par an. Il en est de même aujourd'hui en Algérie pour le prêt aux indigènes, et dans les pays neufs en général. En Pologne, dans les Balkans, on a vu pour des prêts de courte durée, il est vrai, payer 1 % par jour, ce qui fait 365 % au bout de l'année.

C'est ainsi que l'intérêt a pris ce nom flétrissant d'*usure*. Remarquez que le mot « usure », dans son acception originelle, n'avait rien de péjoratif;

il vient du latin *usura* qui veut dire simplement l'usage d'une chose. Le changement dans l'acception de ce mot, son évolution étymologique, nous indique précisément quelle a été aussi l'évolution du prêt lui-même, de l'usage à l'exploitation. C'est pour cela qu'il a fallu que le législateur intervînt pour réprimer l'usure en fixant un maximum au taux de l'intérêt, comme nous l'avons vu durant la guerre fixer un maximum pour le prix des denrées. Mais ce taux légal ne reposait sur aucune donnée scientifique.

3° La différence la plus caractéristique c'est que dans le bail à ferme ou bail à loyer, la richesse prêtée demeure entre les mains du fermier ou du locataire. Donc quand viendra la fin du bail, le pire qui puisse arriver au fermier ou au locataire c'est d'être expulsé, mais il est clair qu'il ne sera pas en peine de rendre la terre ou la maison. Elle est là, intacte; le propriétaire la reprend et tout est dit. Tandis que quand il s'agit d'argent prêté, c'est tout différent! Le sac d'argent ou la liasse de billets prêtés ne demeurent pas entre les mains de l'emprunteur. Personne n'a jamais été assez fou en ce monde pour emprunter de l'argent et n'y pas toucher. Quand on emprunte de l'argent c'est soit pour le dépenser improductivement — pour le manger comme on dit, comme font les fils de famille, ou sur une beaucoup plus grande échelle les Etats — soit pour le dépenser d'une façon productive en créant quelques entreprises lucratives. Mais dans un cas comme dans l'autre, l'argent prêté sera toujours dépensé. En sorte que quand viendra le jour de l'échéance, il n'y aura plus entre les mains de l'emprunteur une seule des pièces d'argent prêtées. Donc il ne pourra rembourser qu'à la condition d'avoir reconstitué une somme d'argent égale à celle qu'il a reçue. Or, ce n'est pas toujours facile et ce n'est pas toujours réalisé. Et si l'emprunteur n'a pas réussi à ressusciter la valeur qu'il a reçue, qu'arrive-t-il? Il devient ce qu'on appelle un débiteur insolvable; s'il est commerçant, il est mis en faillite. Il est déshonoré commercialement ou du moins il perd toute espèce de crédit, et sa situation. Et ceci est peu de chose encore à côté du sort qui était réservé au débiteur insolvable, autrefois! C'est un drame épouvantable que celui des débiteurs qui n'ont pas pu payer au terme. L'histoire de tous les peuples est remplie de ce drame.

Shakespeare l'a illustré dans la tragédie de Shylock, *Le Marchand de Venise*, qui à l'échéance devait payer, à défaut d'argent, avec une une livre de sa chair. Ce mode atroce de paiement n'est pas uniquement une imagination du poète. Nous trouvons dans un texte de loi — la plus célèbre de toutes les lois humaines après celle du Décalogue de Moïse — dans la loi des Douze Tables, un article qui stipule que si, à l'échéance, le débiteur ne peut payer, il doit être découpé en parties égales au nombre des créanciers. Beaucoup de jurisconsultes croient que cette menace ne fut pas réalisée. Mais ce qui est certain, c'est que si le débiteur n'était pas coupé en morceaux, il était réduit en esclavage. Ceci était une loi universelle. Dans tous les pays de l'antiquité, le débiteur était réduit en esclavage et devait travailler pour le compte du créancier jusqu'à extinction de la dette. Les sous-sols des maisons des patriciens de Rome — ce qu'on appelait les « ergastules » — étaient remplies de débiteurs insolvables qui travaillaient pour le maître jusqu'à ce qu'ils pussent payer le montant de leurs dettes; ils n'y arrivaient jamais. Même plus tard, quand ces mœurs ont été abolies, la vie était très dure pour les débiteurs insolvables.

Ceux qui ont lu *La petite Dorrit*, de Dickens, savent que c'est précisément l'histoire d'un pauvre débiteur insolvable qui passe toute sa vie — ou du moins trente années de sa vie — dans la prison pour dettes, où l'on enfermait les débiteurs insolvables jusqu'à ce qu'ils pussent trouver le moyen de payer; et comme ce n'est pas en prison, généralement, qu'on trouve le moyen de gagner de l'argent, beaucoup y restaient toute leur vie, et même y mouraient. Or, l'emprisonnement pour dettes, la contrainte par corps, comme on l'appelait, n'a cessé qu'à une date très récente. Savez-vous quand elle a été abolie en France? En 1867 seulement!

Quand on pense aux millions de gens qui, dans tous les pays, n'ont pu payer leurs dettes, ont souffert tout ce dont nous venons de donner une si faible idée, on comprend le cri de fureur qui a retenti à travers les âges et non pas seulement l'accusation des débiteurs contre les créanciers, mais aussi les protestations de tout de ce qu'il y a de plus grand dans ce monde : de législateurs comme

Moïse qui, dans ses lois, a dit aux Israélites : « Tu prêteras à intérêt à l'étranger, mais jamais à ton frère » ; de penseurs comme Aristote, dont nous venons de citer le mot ironique ; des Romains eux-mêmes, aussi durs que le vieux Caton qui disait : « Qu'est-ce que prêter à intérêt ? autant dire : qu'est-ce qu'assassiner ? », puis de toute l'Eglise catholique par la voix de ses Pères comme par les décrets de ses Conciles.

Cependant, ici encore, soyons heureux de constater que c'est là une question qui a perdu beaucoup de son acuité, tout comme la question du fermage. Après avoir rempli des siècles de son bruit, le silence s'est fait.

Il est vrai qu'en 1849 — il y a plus de soixante-dix ans — Bastiat écrivait encore ces mots : « L'esprit humain ne peut s'attacher, sauf pour les problèmes religieux, à une question plus grave que celle de la légitimité de l'intérêt. » Mais aujourd'hui, le problème de l'intérêt passionne moins encore l'opinion que le problème religieux. Non seulement on n'entend plus d'anathèmes contre le prêt à intérêt, mais au contraire nous n'entendons que des encouragements pour engager les gens à prêter. Hier, les murs de Paris étaient couverts d'affiches pour engager les gens à prêter à l'Etat. On lit : « Apportez, apportez votre argent! 6 % d'intérêt! 50 % de plus-value certaine! C'est le devoir patriotique. »

Ce n'est pas seulement pour les prêts à l'Etat que nous voyons solliciter tout le monde de venir prêter. Nos sociétés coopératives, pourtant institutions déjà à demi socialistes, font aussi des emprunts. Elles en font en ce moment même. Elles promettent aussi du 6 % à tous ceux qui apporteront de l'argent à cette œuvre de solidarité, de confraternité; peu s'en faut qu'on n'ajoute : œuvre de bon socialisme!

Il y a donc quelque chose de changé dans l'histoire du prêt à intérêt? Quoi donc? Qu'est-ce qui fait que cette question dont l'histoire est ce long martyrologe que je vous ai esquissé, est devenue aujourd'hui chose admise?

Il y a deux raisons qui expliquent cette transformation : une raison de doctrine et une raison de fait.

La raison de doctrine, c'est qu'aujourd'hui les socialistes eux-mêmes ont fini par comprendre que le prêt à intérêt était nécessairement lié à la propriété individuelle et qu'il est absurde, aussi longtemps que la propriété individuelle est reconnue, de supposer que le prêt pourra être gratuit. Par conséquent la question ne se pose plus sur ce terrain de la légitimité de l'intérêt, mais elle se pose sur le terrain de la légitimité de la propriété du capital, en sorte que la discussion s'est déplacée. Si la première a disparu, l'autre demeure; nous la retrouverons plus loin.

Mais il y a aussi une raison de fait qui explique ce changement : c'est que la situation des créanciers et des débiteurs s'est intervertie. Pendant toute l'histoire du passé, le créancier, c'est-à-dire le prêteur, était le fort, et le débiteur, c'est-à-dire l'emprunteur, était le faible. L'un était le riche, le puissant, le patricien; l'autre était le besogneux, le prolétaire, le misérable. Aujourd'hui, il n'en est plus ainsi. Qui sont donc maintenant les plus grands débiteurs? les plus grands emprunteurs? Ce sont les Etats d'abord, puis les grandes banques, les grandes Compagnies. Et qui sont les prêteurs? Mais c'est vous, c'est moi, ce sont souvent de très petites gens, ceux qui ont économisé un peu d'argent et qui viennent le porter pour des entreprises dont ils ont vu les noms dans les journaux. Pourquoi voudriez-vous qu'aujourd'hui nous allions nous attendrir sur le sort des emprunteurs ? Voudriez-vous que nous allions faire campagne, comme les Pères de l'Eglise et comme Proudhon, pour demander la gratuité du crédit au profit de la Banque de France ? ou de la Compagnie de Suez ? ou de la Royal Dutch ?

Qu'on nous demandât, à la rigueur, quand il s'agit d'un emprunt d'Etat, de prêter gratis, parce que tant d'autres, durant la guerre, ont donné leur sang et leur vie gratuitement, cela pourrait se soutenir — quoique d'ailleurs on croit plus prudent de ne pas le risquer.

Mais qu'on nous demande de prêter gratis à des Compagnies de chemins de fer ou de mines, à des sociétés industrielles, à seule fin de leur permettre de distribuer de plus gros dividendes et de faire monter le cours de leurs actions à la Bourse, ce serait du plus haut comique.

C'est là un exemple saisissant de la façon dont les problèmes économiques évoluent au cours de l'histoire.

 Toutefois, si la question du fermage et celle de l'intérêt sont apaisées, il en est une troisième, toute parente, pour laquelle la question est devenue plus aiguë qu'elle ne l'a jamais été : c'est celle du loyer des maisons.

Voici, à l'inverse, un exemple curieux d'une question qui n'existait pas autrefois et se pose aujourd'hui avec une gravité redoutable. Par suite de la création de grands centres urbains, les maisons sont devenues un monopole, alors que les capitaux ont cessé de l'être; et pour elles en conséquence, comme autrefois pour l'argent, le loyer des maisons devient « usuraire », à ce point qu'on se demande s'il ne faudra point lui appliquer la loi du maximum qu'on vient d'abroger pour le loyer de l'argent.

Mais une telle mesure ne serait pas plus efficace que ne l'ont été les lois contre l'usure. Au contraire, elle aggraverait le mal en décourageant la construction des maisons à louer, maisons « de rapport », comme on dit. Ce serait mettre tous ceux qui ne possèdent point de maisons dans la fâcheuse nécessité d'en faire bâtir, chacun la sienne, s'ils veulent se loger, ce qui serait encore plus onéreux.

Je ne vois que deux solutions à la question du loyer. La première, c'est que la population diminuât, tout au moins dans les villes, — ce qui n'est guère à prévoir, tout particulièrement en France : dans ces conditions la loi de l'offre et de la demande jouerait et occasionnerait la baisse des loyers. La seconde, c'est que l'industrie inventât des procédés de construction tout à fait différents de ceux qu'on a employés jusqu'à présent, c'est-à-dire trouvât le moyen de fabriquer des maisons par les procédés de la « standardisation », comme les bicyclettes ou les montres.

Et, malgré tout, il est probable que dorénavant ce n'est plus seulement un septième de notre budget, ce qui était considéré comme la proportion normale, mais un quart ou un tiers qu'il faudra consacrer au logement.

LE RENTIER   Le double attribut du droit de propriété que nous venons d'examiner, fermage et prêt, a une conséquence d'une portée incalculable : c'est de permettre au propriétaire de vivre du revenu de ses terres ou de ses capitaux sans travailler, en rentier, comme on dit. Or, rentier, oisif, parasite, entre ces trois qualificatifs la transition est facile et on peut penser si les socialistes n'ont pas manqué de dénoncer cette conséquence du droit de propriété comme étant sa condamnation.

Ce que le rentier peut dire pour se défendre c'est qu'il a toujours été indispensable, dans toutes les sociétés, d'avoir un certain nombre d'hommes disposant de loisirs suffisants — précisément afin qu'ils se trouvent libérés, par leur situation, du souci du pain quotidien et libres de consacrer leur temps aux spéculations désintéressées et aux travaux d'ordre non lucratif : culture des sciences et des arts, philosophie, pratique de la charité, hautes fonctions du gouvernement lesquelles, jusqu'à une époque toute récente, étaient gratuites.

On peut se demander si jamais les civilisations dont nous avons hérité et toute leur floraison, qui nous ont fait intellectuellement ce que nous sommes, celles de la Grèce ou de Rome, ou plus près de nous une aristocratie comme celle de l'Angleterre et l'Empire qu'elle a créé, auraient jamais pu apparaître au monde si une classe d'homme investie de ce magnifique privilège du loisir n'avait pas existé?

Ce n'est point assurément que les grands

hommes soient sortis exclusivement ni même principalement de la classe des rentiers, même en prenant ce mot au sens large de nobles ou bourgeois. Mais du moins c'est dans ces milieux sociaux qu'ils ont trouvé le plus souvent des protecteurs, ou des clients, ou ne fût-ce que des lecteurs.

Il est vrai que s'il en était ainsi, c'est parce que l'instruction et le loisir étaient le privilège d'un petit nombre. Au fur et à mesure que ces biens sont plus largement accordés à tous, la fonction sociale du rentier s'amoindrit et tourne peu à peu au parasitisme. Dès lors elle est condamnée à disparaître.

Dans la société d'après-guerre tout le monde sera plus ou moins rentier — pensez donc aux mille milliards de rente que les Etats ont déjà émis ou vont émettre ! — mais il n'y aura plus personne, ou bien peu, qui pourront vivre de leurs rentes.

CHAPITRE VI

LE SALARIAT ET LE PROFIT

Nous avons déjà vu trois façons différentes pour le propriétaire d'utiliser son bien : l'employer à la satisfaction de ses besoins, c'est-à-dire le consommer; le transférer à autrui par don, legs ou vente; céder seulement l'usage temporairement, ce qui veut dire le louer ou le prêter. Reste un dernier mode d'emploi, le plus important de tous par ses conséquences et qui pourtant, chose curieuse, n'a pas reçu de nom spécial dans la nomenclature économique : c'est le « faire valoir ».

C'est le fait d'employer la chose possédée à produire de nouvelles richesses, le faire fructifier : utiliser le petit jardin domestique non plus pour y respirer des roses et y faire la sieste, mais pour le convertir en jardin maraîcher ou fruitier; se servir de la barque de Robinson, non pour aller se promener en mer ou attendre l'occasion favorable de s'échapper de l'île, mais pour pêcher et rapporter chaque jour du poisson; et s'il s'agit de la richesse sous sa forme banale, l'argent, l'employer non en le dépensant, en le « mangeant », comme on dit familièrement, mais en le plaçant dans quelque entreprise productive.

Or, toutes les fois qu'un bien quelconque est employé à produire d'autres richesses, on l'appelle un *capital*. Généralement le capital ne peut engendrer d'autres richesses qu'autant qu'il est fécondé par le travail.

Il y a pourtant quelques cas où un capital peut produire par le seul concours de la nature, tel que l'œuf mis à couver pour produire des poulets, au lieu d'être mis en omelette, ou le tonneau d'eau-de-vie conservé en cave pendant vingt ans en attendant que le temps le mûrisse et en fasse du cognac. Et même si l'on ne regarde qu'à l'utilité ou à la qualité on peut dire que dans tous les produits la part de la nature est incommensurable. Mais si l'on ne regarde qu'à la valeur, au prix, la collaboration de la nature disparaît sous celle du travail.

Or, tant que cette fructification se fait par le travail personnel du propriétaire, qu'il s'agisse de la terre cultivée par le paysan, de la barque employée par le pêcheur, il n'y a guère de socialistes qui aient protesté contre cet emploi de la richesse. Seulement il arrive ceci : c'est que dès que le bien possédé atteint certaines dimensions qui dépassent les limites dans lesquelles le travail individuel peut s'exercer utilement, alors le propriétaire est obligé de recourir au travail d'autrui. Si le jardin est trop grand pour qu'un homme puisse le travailler, il faudra bien que le propriétaire prenne un ouvrier pour l'aider. Si c'est la barque de Robinson qui est trop grande pour qu'il puisse la conduire seul, il se fera aider par Vendredi, et pendant que lui tiendra le gouvernail, l'autre jettera le filet.

Il n'est pas possible à l'individu, si actif soit-il, d'utiliser par son travail personnel une richesse quelconque au-delà de certaines limites et ces limites sont très peu étendues. Si l'on promettait un million à l'un de nous à condition que nous le fissions valoir uniquement par notre propre travail et sans recourir à l'aide de personne, nous n'aurions qu'à le refuser, car ce serait absolument impossible;

le dépenser, oui! quoiqu'il y fallût encore un certain entraînement, mais le faire valoir productivement, non! Le propriétaire du capital est donc obligé de prendre quelqu'un pour l'aider, un ouvrier, comme on dit, et naturellement, ce quelqu'un ne fournira pas son travail gratuitement. Le propriétaire devra lui payer une indemnité qui sera une part dans le produit de la terre ou de la pêche ou, ce qui sera plus commode pour l'ouvrier, l'équivalent évalué en argent et donné d'avance. Cette rémunération qui n'est autre que le prix de location de la main-d'œuvre, comme l'intérêt est le prix de louage du capital, s'appelle le *salaire*, et celui qui le touche prend le nom de salarié. Quant à celui qui le paie, le propriétaire, quand il joue ce rôle nouveau, il prend le nom de « patron ».

LE SALARIAT   Or, ce mode d'emploi du capital, appelé louage de travail, est gros de conséquences formidables, bien plus qu'aucun des autres modes d'emploi déjà exposés. Ce n'est point qu'il ne paraisse, tout comme les modes précédents, très avantageux pour les deux parties. D'abord pour le propriétaire, puisque cela lui permet d'utiliser une richesse que sans cela il n'aurait pu que faire passer entre les mains d'autrui par l'aliénation ou le prêt, qu'en donnant en quelque sorte sa démission. C'est avantageux pour celui dont il demande les services, pour le salarié, puisque celui-là trouve dans le salaire quotidien ou hebdomadaire, qui lui est alloué, un revenu fixe sans avoir à prendre l'initiative de la création, sans avoir la peine de diriger ni les soucis des risques inhérents à toute entreprise.

Comment se fait-il donc qu'un mode d'emploi si innocent en apparence, même si fraternel dans ses origines, ait engendré le socialisme, la lutte de classes, la révolution sociale et ouvert la boîte à Pandore de tous les fléaux sociaux? Voilà la troisième fois que nous voyons une institution économique qui, dans ses origines apparaît comme bienfaisante, devenir un ferment de discorde dans la société. On dirait vraiment quelque esprit satanique qui s'appliquerait, comme dans le jardin d'Eden, à transformer ces questions en fruits empoisonnés, comme ceux qui poussaient sur l'Arbre de la Science.

L'explication, c'est que le contrat de travail

entre un capitaliste et un travailleur ne s'est jamais réalisé sous la forme idyllique d'une aide mutuelle.

Qu'est-il arrivé, en effet? Avant la constitution de la propriété individuelle, aussi longtemps que les hommes ont vécu sous le régime de l'économie domestique dont j'ai eu l'occasion de parler déjà, dans la famille patriarcale, par exemple, le salariat n'existait pas; il n'était pas nécesaire, car le chef de famille faisait valoir et fructifier sa terre et ses troupeaux par le travail des siens. De sa femme d'abord, qui a été, sinon la première salariée du moins la première ouvrière, puis par ses enfants. Mais du jour où cette économie familiale a disparu pour être remplacée par la division du travail et la propriété individuelle, le propriétaire a été obligé de chercher quelqu'un qui vînt travailler pour lui; et il ne l'a pas trouvé facilement parce que dans une société à ses débuts, là où il y a de la terre disponible pour qui en veut, là où les capitaux ont encore peu de valeur et où n'importe quel travailleur peut créer de ses mains le filet, l'arc ou même la charrue de bois, qui lui permettront de produire pour son compte, personne n'est disposé à aller se mettre au service d'autrui.

Pas besoin, d'ailleurs, de remonter aux origines des sociétés humaines : quand on se transporte dans des pays neufs, dans les colonies, là aussi la question de se procurer la main-d'œuvre nécessaire est très angoissante pour les colons : par exemple, en ce moment en Tunisie.

Dans cette situation, qu'ont fait les propriétaires primitifs pour se procurer le travail d'autrui? Ils ont inventé l'esclavage. Ils se sont procuré par la conquête les bras dont ils avaient besoin pour cultiver leur terre. Voilà un événement considérable dans l'histoire de l'humanité. Et il s'est reproduit par les mêmes causes dans les colonies. En Amérique, quand les propriétaires des Etats-Unis ont voulu cultiver leurs terres, ils ont été chercher des esclaves en Afrique; ç'a été la seconde phase de l'esclavage, l'esclavage noir. Et même après que l'esclavage a été aboli dans les colonies, il a été remplacé en maintes colonies par l'engagement des coolies qui a été l'esclavage jaune. Mais laissons de côté cette reviviscence de l'esclavage dans le système colonial et revenons à l'heure où l'esclavage antique se dissolvait en même temps que l'Empire romain. Le travailleur va-t-il alors devenir libre? Pas encore dans la campagne, où il va rester sous le joug du servage qui n'était qu'un esclavage atténué. Mais dans les villes, il va connaître une période relativement heureuse, mais brève, intermède lumineux, peut-on dire, dans l'histoire du travail, quoiqu'on parle toujours des ténèbres du Moyen Age, celle de l'ouvrier « artisan » alors que, possédant les instruments de son travail, il n'avait besoin ni de prendre des salariés ni de le devenir lui-même.

Mais cette période n'a pas duré longtemps — cinq ou six siècles, peut-être — parce que, d'une part, les serfs émancipés ou réfugiés dans les villes sont venus créer un prolétariat nouveau, et parce que, d'autre part, les capitaux nécessaires pour produire ont pris de telles proportions qu'ils sont devenus inaccessibles à ceux qui n'avaient pas déjà fait fortune. En sorte que la possession du capital est devenue, dans une certaine mesure, un monopole pour les possédants et ceux-ci ont pu dicter leurs conditions. En effet, que peut faire un « prolétaire » — c'est le nom que l'on donne à ceux qui ne possèdent que leurs bras — lorsqu'il veut travailler, s'il n'a pas un de ces instruments de production que sont la terre ou le capital? Que peut faire celui qui ne trouve pas de travail aujourd'hui? Aller pêcher à la ligne? Encore faut-il une canne à pêche, ce qui est déjà un commencement de capital. Aller cueillir du muguet pour le vendre? ou attendre les voyageurs à la gare pour porter les bagages? ou attendre les voitures à l'abord du théâtre pour ouvrir les portières? Ce n'est plus du travail, c'est de la mendicité. Le capitaliste donc seul peut donner du travail.

Pesez-vous ce qu'il y a de singulier dans ces mots « donner du travail »? Remarquez que c'est la formule que vous avez tant de fois entendue, qui est prononcée par tant de miséreux : Je ne demande pas l'aumône : donnez-moi du travail. Alors, le travail qui est, semble-t-il, non seulement une faculté, mais un devoir pour tout homme, voilà donc qu'il se trouve subordonné à la permission d'autrui? On ne peut travailler qu'à la condition de trouver un propriétaire ou capitaliste qui en fournira les moyens : sinon le travailleur devient un chômeur.

Cependant, aussi longtemps que l'entreprise a conservé des proportions modestes, aussi longtemps, comme je le disais tout à l'heure, que le prolétaire a pu avoir l'espoir, la perspective, de devenir lui-même capitaliste, patron — ce qui a été le cas dans toute cette période du Moyen Age, alors que presque tous les ouvriers travaillaient d'abord comme apprentis, puis compagnons, enfin maîtres, et où ce qui est aujourd'hui des distinctions de classe n'était alors que des distinctions de grade puisqu'on pouvait toujours s'élever à un grade supérieur — dans ces conditions, la situation a été acceptée. C'est pourquoi, cette parole insolente « donner du travail » n'a choqué personne pendant des siècles, pas même les travailleurs. Ils l'acceptaient comme l'expression d'une vérité; celui qui donnait le travail, c'était le « maître », un nom qui est aujourd'hui encore traditionnel dans les campagnes et prononcé sans aucune animosité. Le maître est en même temps le bienfaiteur, puisque c'est lui qui procure la possibilité de travailler, de gagner sa vie. La forme la plus haute de l'assistance que le riche puisse prêter au pauvre, celle que lui recommandent économistes et moralistes, n'est-ce pas celle-là — et combien supérieure à l'aumône?

Oui, seulement une heure est venue, heure tragique où, dans l'esprit des masses, un soupçon s'est éveillé. Et ce soupçon s'est traduit sous cette forme : est-il bien vrai que ce soit le propriétaire qui nous fasse vivre? ou bien, est-ce que ce n'est pas nous qui le faisons vivre? et, alors, au lieu d'être un bienfaiteur, ne serait-il pas un exploiteur? Et le jour où cette pensée est entrée dans l'esprit des masses, le socialisme est né.

Si, en effet, le capitaliste peut dire qu'il donne du travail à l'ouvrier, celui-ci ne peut-il pas répondre que c'est lui qui donne au capitaliste le produit de son travail et qu'il ne lui en sera remboursé qu'une part, peut-être la moindre part, sous le nom de salaire? Il est vrai que l'argent payé au salarié est pris sur le capital déjà existant qui en fait l'avance, mais ce n'est qu'une anticipation sur le produit final et c'est comme prix de renoncement à tout droit sur le produit futur de son travail que l'ouvrier reçoit son salaire. C'est un avantage, sans doute, puisqu'il touche comptant et qu'il n'a pas les moyens d'attendre, mais il est évident qu'il se trouve par là même en fâcheuse situation pour savoir ce qui doit lui revenir. Il ne sait pas quelle sera la valeur de ce produit, alors surtout qu'il s'agit du produit d'un travail collectif où personne ne saurait reconnaître sa part. En fait, on sait que le prix de louage du travail, qui est le salaire, ne fait même pas l'objet d'un marchandage : c'est un prix fixe à prendre ou à laisser, comme dans les grands magasins, mais avec cette différence que le client de ceux-ci a toujours la faculté de ne pas acheter s'il trouve le prix trop élevé, tandis que l'ouvrier n'a pas toujours le choix de ne pas vendre, même s'il trouve le prix trop bas. Ce n'est que depuis l'organisation des syndicats que le salaire a pu être débattu.

C'est pourquoi on a vu dans l'histoire le salaire du travail descendre à un taux incroyablement bas, à ce niveau minimum, au-dessous duquel l'ouvrier ne pouvant plus se nourrir et vivre, le matériel humain, la main-d'œuvre, disparaîtrait. Et, hier encore, jusqu'à la guerre, tel était le cas dans les industries où le travailleur n'était pas en situation de discuter, notamment pour les femmes ouvrières dans l'industrie à domicile.

Cette situation s'est heureusement modifiée, non seulement parce que l'organisation syndicale et la menace des grèves ont agi puissamment sur le taux des salaires, quoi qu'on en dise, mais aussi — il faut être heureux de le constater — parce que, dans les grands pays industriels, on a su reconnaître que l'on ne pouvait obtenir un grand rendement avec des ouvriers mal payés, et que la part du produit brut allouée au travail à titre de salaire pouvait augmenter de plus en plus sans que, d'ailleurs, la part prélevée par le patron à titre de profit diminuât; tout au contraire, il se rattrapait, comme on dit, sur la quantité des produits.

LE PROFIT S'il est facile d'expliquer le salaire, c'est un peu plus embarrassant pour le profit. Qu'est-ce, en effet, que le profit? Le plus petit épicier vous répondra : c'est l'excédent que laisse le prix de vente sur le prix de revient. N'empêche que, malgré cette simplicité apparente, la définition exacte du profit est un des problèmes les plus ardus de la science économique. Les économistes, pour le justifier, disent que c'est à la fois la rémunération du travail de direction, l'intérêt du capital engagé, la prime d'assurance contre les risques de perte. Mais nous prétendons qu'aucun de ces trois éléments ne constitue le profit puisque, dans une comptabilité bien faite, ils doivent figurer tous les trois dans le prix de revient. N'est-ce pas le cas dans toutes les entreprises sous forme de sociétés par actions? Ne porte-t-on pas dans les frais : 1° le traitement du directeur; 2° l'intérêt du capital (non seulement du capital-obligations, mais même du capital-actions) ; 2° le prélèvement pour le fonds de réserve destiné à parer aux risques? Certainement! et alors le dividende — lequel n'est distribué qu'après que tous ces frais ont été couverts, — qu'est-ce que c'est? C'est précisément le profit à l'état pur, tout à fait indépendant des soi-disant facteurs énumérés ci-dessus, et s'il vient à faire défaut on ne manquera pas de dire, avec raison, que l'entreprise n'a point fait de bénéfices et on marquera cette année-là d'une croix noire.

Mais alors, si le profit ne peut s'expliquer par aucune de ces trois causes — travail de direction, intérêt, risques — comment l'expliquer? D'où prend-il naissance? Les uns — ce sont les socialistes — disent : le profit est tout simplement prélevé sur le produit du travail de l'ouvrier, du salarié, à qui le patron n'a pas payé son juste salaire. Les autres — les coopérateurs — disent : le profit est prélevé aux dépens du consommateur à qui l'on fait payer le produit au-dessus du juste prix. Et d'autres, plus indulgents, disent : le profit est le résultat de circonstances heureuses qui ont permis au producteur ou marchand de fabriquer ou de vendre dans de meilleures conditions que son concurrent, à peu près comme le propriétaire d'une terre plus fertile ou d'une maison mieux située : le profit c'est la bonne chance, depuis celle du camelot vendeur de journaux lorsqu'arrive une catastrophe, jusqu'à celle de la Compagnie des mines lorsqu'on découvre un filon. « Il y a, dit Shakespeare, dans les choses humaines une marée qui, prise au flot montant, conduit à la fortune. » Aucun économiste n'a si bien défini le profit. Il est vrai qu'encore faut-il savoir saisir le flot montant : ce n'est pas donné à tout le monde.

Mais quelle que soit celle de ces trois explications qu'on préfère, on voit que dans aucune le profit, le dividende, n'apparaît comme le fruit d'un travail proprement dit; c'est, comme disent les Anglais, une plus-value non gagnée (*unearned increment*). Ce n'est point à dire pour cela qu'il faille le considérer comme un vol; profiter d'une bonne occasion ce n'est pas voler. La vie deviendrait un peu fade si toute chance bonne — et même mauvaise — en était éliminée

Mais si l'on admet la place de la chance dans la vie, encore faudrait-il qu'elle fût égale pour tous. Si les hommes ne sont pas en droit de demander l'égalité des parts, ils sont en droit de réclamer l'égalité des chances : que chacun dans la vie, par son travail, par son épargne, par son initiative, par son intelligence, puisse avoir la chance d'arriver aux plus hauts sommets, comme dans la vie politique, par exemple. Avoir la chance au moins une fois dans sa vie, c'est ce que les Américains réclament pour tout individu. J'ai lu dans un livre américain ce fait touchant d'un écriteau fixé dans une pelouse nouvellement ensemencée, dans un parc de New-York, où on lisait ces mots : *Give the grass a chance* (laissez à ce gazon sa chance), c'est-à-dire, ne marchez pas dessus !

C'est une chose curieuse que l'opinion publique qui accepte si difficilement l'inégalité, alors même qu'elle a des causes honorables, telles que l'héritage paternel ou même une fortune gagnée dans l'industrie, accepte avec bienveillance qu'un individu gagne le gros lot d'une loterie. Quand on annonce dans les journaux qu'un tel a gagné un gros lot, fût-il, comme dans une récente loterie en Espagne, de 7 millions, nul ne proteste. C'est parce que, quand il s'agit du gros lot, chacun se dit : J'aurais pu gagner! Et cela suffit pour répondre à l'idée simpliste de la justice que se fait l'opinion populaire : l'égalité. Mais voici justement ce qui cloche! C'est que les chances ne sont pas égales pour tous. Ce monde n'est pas précisément une loterie, mais plutôt un champ de courses sur lequel, pour jouer, il faut avoir des « tuyaux ». Et seuls les riches, ou tout au moins les gens instruits, gens qui lisent les journaux financiers, qui vivent dans les milieux politiques, qui fréquentent les antichambres des ministres, qui sont en relations avec les banques, savent à peu près quels seront les numéros gagnants et peuvent jouer à coup sûr. Les valeurs que l'on voit monter de centaines de francs entre deux cotes de la Bourse ne sont pas de véritables billets de loterie, car il n'y a que les malins qui les gagnent. Nous avons vu depuis un mois telle ou telle valeur de pétrole, par exemple, doubler et tripler en quelques mois. Mais croyez-vous que le brave homme qui aura économisé quelque argent en sera informé à temps? Et, d'ailleurs, le saurait-il qu'il n'oserait se risquer. Pour courir ces risques il faut avoir déjà beaucoup d'argent.

Mais poursuivons notre histoire, car le contrat d'entreprise et le salariat ont continué leur évolution. Ils ont dépassé de beaucoup la période de la petite entreprise individuelle et celle du système familial corporatif du Moyen Age. Et alors, pour mettre en œuvre de grands domaines et de grands capitaux, le capitaliste s'est vu obligé à recourir au travail non pas seulement de quelques hommes, mais de centaines, de milliers d'hommes. On a vu et on voit chaque jour surgir des entreprises colossales qui groupent des milliers d'hommes : 15.000 comme les usines Renault à Paris, 100.000 hommes comme l'usine Krupp hier, 170.000 employés comme la Compagnie du P.-L.-M.

Mais l'entreprise ne s'arrête pas là. Elle va plus haut encore. Ce n'est plus un seul établissement, ce sont des établissements nombreux qui, se groupant à leur tour en Fédérations plus vastes, portent le nom, célèbre depuis peu, de trusts. Ce sont de véritables armées industrielles, composées de corps d'armée, au-dessus desquels se trouvent des espèces de généralissimes qui ne s'occupent plus de la direction technique de l'entreprise, laissant ce soin à des chefs en sous-ordres, mais s'occupent uniquement de la direction financière. Ce sont les présidents des grands conseils d'administration, les mêmes étant souvent présidents de dix, vingt conseils d'administration à la fois, qui englobent toute l'industrie d'un pays. On voit alors apparaître ces figures colossales que les Américains appellent, d'un nom si juste, les Rois de l'Industrie; le roi du pétrole, roi de l'acier, roi des chemins de fer. Le centurion de l'Evangile disait : « Seigneur, je ne suis qu'un petit officier; j'ai peu d'hommes sous mes ordres. Cependant, je dis à celui-ci : Va! et il va. Et à cet autre : Viens! et il vient. » Aujourd'hui, c'est à des milliers d'hommes que commandent les centurions capitalistes, et quand ils disent : Va! on va, et quand ils disent : Viens! on vient.

Il est facile de comprendre qu'entre les mains de ces hommes s'accumulent des profits énormes, comme toutes les gouttes d'eau qui se réunissent dans un même lit forment les grands fleuves, et l'on voit apparaître ces fortunes inouïes jusqu'à une date très récente et qui se chiffrent par centaines de millions en revenus et par milliards (tout au moins en Amérique) comme capital. Il est bien évident que jamais ni le travail personnel, ni l'épargne, même prolongée durant plusieurs vies, ne pourraient créer de telles fortunes. Ces mammouths de l'industrie semblent être une création-type de l'âge capitaliste, de même que les créatures monstrueuses de la faune paléontologique écloses dans la boue chaude des premiers âges de la Terre.

Pourtant, ce ne sont point des monstres et ni même des accapareurs, au sens ordinaire de ce mot, mais plus exactement, au sens vraiment scientifique du mot, des « accumulateurs » de richesse. S'ils concentrent la fortune, c'est pour la distribuer. Ces détenteurs de la grande richesse n'en sont que les répartiteurs. On a comparé les riches aux fontaines publiques qui reçoivent l'eau, mais pour la déverser au dehors. On pourrait peut-être les comparer à plus juste titre à ces hautes cimes de montagnes sur lesquelles viennent se concentrer, s'accumuler les neiges au cours des saisons et qui ne les gardent pas pour elles mais les épanchent dans le pays bas, soit sous forme de houille blanche pour faire tourner les dynamos et éclairer les villes, soit pour irriguer les terres et y faire pousser les récoltes. En effet, arrivé à ce degré suprême de la richesse, il est rare que ses possesseurs l'emploient aux mêmes usages vulgaires que les petits riches ou les nouveaux riches. Il est rare qu'ils consacrent leurs immenses fortunes à des jouissances personnelles. Ce n'est pas pour eux qu'ils entassent ces milliards, et ce n'est pas même pour leurs fils, car très souvent il arrive qu'ils les déshéritent. Carnegie disait que c'était une honte pour un homme riche de laisser quelque chose après sa mort. Et ce n'est pas seulement aux emplois industriels qu'ils consacrent leurs capitaux, c'est aussi à des œuvres philanthropiques ou scientifiques. Ce sont des centaines de millions consacrés par un Rockfeller ou un Carnegie à fonder des bibliothèques, des laboratoires, des institutions pacifiques, comme le palais du Tribunal international de la Haye (hélas! vide), des établissements pour la lutte contre la tuberculose. Et c'est une question que de savoir si sous un régime socialiste — ou même coopératiste, comme celui que nous rêvons — il sera possible de remplacer ces « accumulateurs » de richesse? Si le capitalisme n'avait été qu'une institution purement parasitaire, il aurait déjà été balayé. S'il a duré, c'est assurément qu'il a rendu certains services. Et ces services ne sont pas peu de chose : c'est d'avoir créé le monde économique actuel, avec toutes ses tares, avec tous ses abus, je veux bien, mais qui tout de même avait donné au monde l'abondance et le bon marché. Nous ne nous en apercevons que depuis que nous les avons perdus ! Au reste, il ne faut pas croire que les socialistes soient les derniers à adm.-rer ce qu'a fait le capitalisme dans l'ordre économique — j'entends du moins ceux qui sont bien informés. D'abord, ils n'ignorent pas que sans le capitalisme le socialisme lui-même ne serait jamais né : celui-ci est fils de celui-là, Karl Marx de Ricardo, et cela seul suffirait à lui valoir de leur part une certaine gratitude. Aussi bien ne se proposent-ils point de jeter bas l'édifice capitaliste, mais seulement de s'y installer en excluant les capitalistes.

Le mot de « nationalisation industrialisée », formulé par la C. G. T. et si souvent répété dans ces derniers temps, n'a pas d'autre signification. On conservera et même on généralisera les trusts avec tous les caractères de l'industrialisation la plus moderne — machinisme, standardisation, intégration, concentration, localisation, etc. Seulement, dans les nouveaux conseils d'administration les capitalistes actionnaires seraient remplacés par les représentants du Travail et par ceux de la Consommation, en entendant par ces derniers ceux pour les besoins de qui fonctionne l'entreprise, les « usagers », lesquels ont intérêt non à ce que l'entreprise rapporte des profits mais à ce qu'elle produise le plus économiquement possible.

CHAPITRE VII

LA CONCURRENCE ET LA COOPÉRATION

Le monde économique, tel qu'il nous apparaît avec les caractères essentiels que nous venons de passer en revue — avec l'intérêt personnel comme moteur et le profit comme but; — avec la dissociation entre la propriété et le travail qui résulte de l'hérédité, du prêt à intérêt, de la rente; — avec la division de classes créée par le salariat entre capitalistes et prolétaires; — ne semble guère un milieu favorable à la réalisation de la justice sociale, et de la paix sociale.

Pourtant, ce monde-là va tout de même, cahin-caha, et les économistes, tout au moins ceux de l'école libérale, se sont appliqués à démontrer qu'il marchait mieux qu'il ne semble parce qu'il est gouverné par certaines lois, qu'ils appellent lois naturelles, et qui tendent en fin de compte à assurer le bien général.

Voici, pour autant qu'on peut résumer en quelques lignes un siècle et demi d'histoire et des centaines de volumes de doctrine, la conception optimiste de l'ordre économique :

1° L'homme est guidé par *l'intérêt personnel* qui le pousse, en tous les actes de la vie économique, à chercher le profit maximum, et c'est ce qui constitue le ressort irremplaçable de son activité;

2° Mais la poursuite individuelle du profit n'est nullement en opposition avec l'intérêt général : au contraire, car elle stimule tout producteur à produire ce qui se vendra le mieux; or, étant donnée *la loi de l'offre et de la demande*, qu'est-ce qui se vend au plus haut prix, marchandise ou service, sinon ce qui est le plus demandé, ce qui est le plus utile au sens économique du mot, ce qui est le plus désiré? C'est donc précisément grâce au désir du profit que les besoins les plus pressants sont les premiers servis.

3° Il est vrai que cet intérêt individuel et cette poursuite du profit pourraient avoir pour résultat l'exagération des profits et l'exploitation du consommateur si le producteur ou marchand était seul, autrement dit s'il était investi d'un monopole (*mo-nos* veut dire seul), mais ce danger se trouve supprimé sous le régime de *la libre concurrence*. Lorsque la concurrence est libre, en effet, chaque producteur ou marchand se trouve sur le marché en présence d'autres producteurs non moins désireux que lui de vendre et qui font surenchère pour attirer les clients. Cette surenchère a nécessairement pour résultat d'abaisser les prix et de réduire les profits par une pression qui s'exerce jusqu'à ce que les prix de vente soient ramenés au niveau du prix de revient — auquel cas le profit se trouve réduit à zéro — ce qui revient à dire que la valeur de chaque produit tend à se régler sur la quantité de travail et de frais qu'il a coûtés, ce qui est précisément l'idéal de justice que le socialiste et le coopératiste s'efforcent de réaliser par des systèmes beaucoup plus compliqués et inefficaces.

Voilà comment, grâce à la concurrence, les intérêts individuels se trouvent mis en échec les uns par les autres, les prix se trouvent ramenés au juste prix et les profits au taux minimum, le bon marché et la justice se trouvent réalisés à la fois — et le

« chacun pour soi » se transforme, bon gré mal gré, en « chacun pour tous ».

Il y a incontestablement une part de vérité dans ce tableau, que l'on trouve peint en couleur plus ou moins rose dans tous les livres des économistes classiques (1) ; et comment, en effet, ces sociétés subsisteraient-elles avec leurs caractères, qui ne changent guère, s'il n'y avait pas un ordre naturel qui règle leur destinée? Mais il y a aussi évidemment une part d'illusion puisque le mécontentement des masses ne cesse de grandir et, en ce moment, menace l'Europe d'une révolution. Cherchons donc à dégager ce qu'il faut retenir de l'ordre économique actuel et ce qui doit être abandonné.

D'abord, gardons-nous du ridicule de mépriser l'intérêt personnel, de le flétrir sous le nom d'égoïsme et de croire qu'on pourrait trouver à remplacer facilement ces moteurs de l'activité humaine par quelque autre ressort. Il est naturel de penser à soi; l'Evangile même ne nous dit pas le

(1) Indiquons seulement *Les Harmonies Economiques* de Bastiat, *Les Lois naturelles de l'Economie politique* de Molinari, et, plus près de nous, *La Morale de la Concurrence* de M. Yves Guyot.

contraire, puisqu'il se borne à dire : Tu aimeras ton prochain comme toi-même. Au lieu de l'appeler égoïsme, on peut aussi bien l'appeler, comme les Anglais, d'un plus beau nom : le *self-help*, l'aide-toi toi-même. L'effort personnel est inséparable de l'intérêt personnel. S'aider soi-même, il ne faut pas mépriser cet égoïsme-là! Un ironiste allemand, Henri Heine, écrit dans un passage charmant, en parlant de ses amis : « Ils me comblèrent d'attentions et me dirent qu'ils allaient me protéger, mais avec toute leur protection je serais mort de faim si un brave homme ne s'était mêlé de mon affaire. Ah! le brave homme! il me donna à manger, ce dont je lui saurai toujours gré; quel dommage que je ne pusse l'embrasser! Mais je ne pouvais, parce que ce brave homme — c'était moi. »

Les socialistes eux-mêmes ne veulent point, comme on pourrait le croire, remplacer l'intérêt personnel par l'intérêt social : ils veulent seulement empêcher que les intérêts de la masse soient sacrifiés à ceux d'un petit nombre, et c'est parce qu'ils pensent que la propriété individuelle a précisément pour résultat d'empêcher le développement des individualités — tout au moins lorsqu'elle porte sur

le capital et se trouve assise sur le salariat — qu'ils
en demandent l'abolition ou, comme on dit, la socialisation.

Mais ceci accordé, il ne faut pas en conclure
que l'intérêt individuel implique inévitablement la
poursuite du profit ni que la disparition de celui-ci
dût entraîner nécessairement la cessation de toute
activité et de toute initiative. Le profit, en effet, au
sens où nous l'avons défini, ce n'est pas la rémunération d'un vrai travail, mais seulement celle du
« savoir-faire » ou, moins encore, le résultat de circonstances heureuses. Or, ce serait mettre bien bas
le travail de l'homme que de poser en principe qu'il
ne saurait avoir d'autre mobile que l'appât d'un
gros lot.

Ce serait une plus grande erreur encore de poser
en principe que le désir du profit concorde nécessairement avec l'intérêt général par cette raison que
la loi de l'offre et de la demande assure les plus
gros profits à ceux qui servent le mieux les besoins
du consommateur. Non, les plus hauts prix — et
ceux, par conséquent, qui procurent les profits les
plus élevés, — ne sont pas nécessairement ceux qui
répondent aux besoins les plus urgents; ce sont

ceux qui satisfont aux désirs ou aux caprices d'un petit nombre de privilégiés possédant de quoi payer sans compter. La loi de l'offre et de la demande est, sans doute, inéluctable et ne pourra pas plus être éliminée que l'intérêt personnel, encore qu'elle soit fort méprisée aujourd'hui par les néo-économistes, mais elle ne comporte aucune signification morale ni aucune portée finaliste.

Et quant à l'action bienfaisante du profit, que de besoins essentiels, primordiaux, que le désir du profit empêche plutôt de satisfaire! Faut-il un exemple tout à fait actuel? Quel est le besoin le plus général en ce moment? C'est celui du logement : besoin des plus urgents — non point seulement au point de vue privé, parce qu'il n'y a pas de pire souffrance pour un père de famille, surtout s'il a de nombreux enfants, que de ne pas trouver à se loger ou de ne trouver que dans des conditions ruineuses — mais au point de vue social aussi, parce que l'entassement dans des locaux sordides crée un danger de contamination permanent pour la société tout entière.

Déjà avant la guerre, à ce besoin il n'était pas suffisamment pourvu; aujourd'hui il ne l'est plus du tout. Une famille nombreuse ne trouve plus à se loger. Il y a là un mal si tragique qu'il justifierait presque une révolution.

Qu'ont donc fait l'intérêt personnel et la concurrence pour résoudre ce problème? Pourquoi les entrepreneurs n'ont-ils pas construit de logements en quantité suffisante, tandis qu'ils prodiguaient sur le marché tous les produits de luxe? C'est parce que les entrepreneurs n'ont pas trouvé dans la construction des maisons, et surtout dans celle des maisons à bon marché, un profit suffisant. C'est tellement vrai qu'il a fallu — déjà avant la guerre — dans tous les pays, que les Etats ou les sociétés philanthropiques ou coopératives prissent à leur charge la construction des maisons, mais leur faible effort n'a pu empêcher que ce besoin public ne restât en souffrance. Combien plus encore à l'heure actuelle! (Voir ci-dessus, page 131.)

Que d'autres exemples on pourrait citer! Dans un journal d'hier on racontait que sur la Corniche, tout le long de la Méditerranée, on avait arraché tous les oliviers pour les remplacer par des plantations de mimosas, de roses ou d'œillets, parce que les fleurs donnaient un beaucoup plus grand profit que l'huile. On le regrette aujourd'hui, d'ailleurs, parce que, depuis la guerre et dans la disette générale, l'huile a augmenté de prix plus que les fleurs; mais il est trop tard : l'olivier ne pousse pas aussi vite qu'un rosier.

Faut-il parler de tant d'industries nocives qui sont alimentées uniquement par le désir du profit, sans que l'on s'inquiète le moins du monde des besoins véritables du public, telle la production de l'alcool ou celle de la littérature pornographique? Les économistes diront, ainsi que les entrepreneurs de ces tristes industries, que ce n'est pas leur faute, qu'ils ne sont pas des moralistes et qu'il faut s'en prendre au public qui demande leurs produits. Certes, on ne peut nier que le consommateur n'ait une part de responsabilité et nous cherchons précisément à faire l'éducation du consommateur, mais il faut avouer que les producteurs, stimulés par l'appât du profit, ont joué le rôle du tentateur vis-à-vis du consommateur, le rôle de Satan. Ils ont tendu la pomme à Eve, et à Adam aussi. Qu'est-ce qui a créé cette prodigieuse entreprise de mensonge qui, sous forme de réclame, de publicité et d'affiches, et en jetant des milliards (1 milliard de dollars annuellement aux Etats-Unis, dit-on), n'a d'autre but que de suggérer au consommateur des besoins factices? C'est le désir du profit. Le marché national et international est encombré de produits non seulement inutiles mais même nuisibles, que l'industrie a accumulés au détriment de la satisfaction des besoins essentiels des hommes.

Et même quand les entrepreneurs pourvoient à nos besoins normaux, là encore leur service se trouve sans cesse vicié par le désir du profit. Chaque marchand, pour gagner plus vite, n'a que le choix : ou bien de majorer le prix des marchandises, ou bien d'économiser sur la qualité en se servant de matières de qualité inférieure et en se laissant glisser sur la pente de la falsification des denrées.

Quant à la loi de la concurrence que les économistes seraient disposés à qualifier — comme disent les jurisconsultes quand ils parlent de la prescription — de « patronne du genre humain », il faudrait s'entendre sur la valeur de ce mot car il comporte deux significations bien distinctes.

En tant qu'on entend par libre concurrence la

liberté du travail, la liberté des échanges et du transport, la porte ouverte, ouverte à deux battants, entre tous les pays, en ce sens les bienfaits qu'on attribue à la concurrence ne sont pas exagérés; en ce cas il est vrai qu'elle est la protectrice des intérêts du consommateur et que lorsqu'elle vient à faire défaut, ceux-ci s'en ressentent cruellement, comme tel a été le cas depuis la guerre.

Mais la concurrence, au sens plus ordinaire de ce mot (mieux marqué par le mot anglais *competition*), c'est la lutte, la guerre sur le terrain économique, le *struggle for life;* celle-là, nous n'avons aucune raison de vouloir la garder dans une société normale et nous espérons bien la voir remplacée par son contraire qui est la coopération. Sous cette forme-là, la concurrence ne crée qu'un gaspillage de forces et de richesses et s'il arrive parfois que le consommateur puisse bénéficier des coups que se portent les concurrents, ce n'est qu'occasionnellement et temporairement. Il ne peut guère échapper, en effet, à l'une ou à l'autre de ces deux éventualités :

Ou bien les concurrents, las de se faire la guerre,

se réconcilieront à ses dépens, c'est-à-dire concluront une alliance. Cette alliance qui s'appelle un *trust* ou un *cartel* — ou même qui, sans porter ces noms éclatants, consiste tout simplement dans l'entente tacite existant entre tous les marchands d'une même ville, bouchers, boulangers, épiciers, médecins, etc., pour vendre au même prix — devient de plus en plus fréquente; elle devient même la loi générale du commerce. Celui des marchands qui vendrait à un prix inférieur à celui de ses concurrents se trouverait disqualifié, alors même qu'il ne serait pas formellement lié, comme dans les cartels, par un engagement écrit et par un cautionnement.

Ou bien la guerre continuera sans entente et sans merci : en ce cas, la concurrence aboutira à l'écrasement et à l'élimination des petits par les gros, ou même par un seul qui deviendra gros et gras comme le rat en cage qui a mangé tous les autres. La concurrence ici ne se présente plus sous la forme bienveillante qu'exprime le proverbe français : chacun pour soi et Dieu pour tous, mais sous celle qu'expriment les Américains par le même dicton retourné : chacun pour soi et le dernier pour le diable ! (1)

Or, dans un cas comme dans l'autre, et quelle que soit l'alternative, il est clair que la concurrence a disparu et que par conséquent la protection qu'en pouvait attendre le consommateur a disparu du même coup. Et telle est la situation qui tend à se généraliser.

Il n'est même plus vrai de dire que cette concurrence des producteurs procure tout au moins l'abondance, car il arrive fréquemment que les ententes entre producteurs, et à plus forte raison les monopoles, restreignent systématiquement la production en vue de faire monter les prix ou tout au moins de les empêcher de baisser.

Sans prétendre supprimer l'intérêt personnel, il faut donc chercher s'il n'y aurait pas dans les sociétés humaines quelque force latente qui pourrait, sans le dépouiller de ses vertus, l'empêcher de tenir en échec l'intérêt public.

(1) Every man for himself and let the devil take the hindermost.

Or, cette force existe : elle n'est pas d'hier, elle a même existé de tout temps. On peut même dire que dans l'évolution biologique elle a existé avant que l'individu lui-même se manifestât : c'est la coopération, c'est la solidarité, c'est l'aide mutuelle. Revenons ici à notre point de départ, quand je cherchais ce qu'il y avait de commun entre l'économie politique humaine et l'économie politique animale. Nous y avons trouvé le commencement de toutes les grandes notions économiques, mais c'étaient seulement celles de l'économie individualiste : or on peut y trouver aussi celle d'une économie socialiste, sous la forme de l'association. Nul n'ignore que certaines espèces animales nous en présentent de merveilleux modèles : je ne veux pas seulement parler de ceux des abeilles et des fourmis qui resteront un éternel objet de méditation, mais il en existe nombre d'autres qui font l'objet des études de biologistes, surtout dans la faune marine. Car il y a ici un mystère, c'est que l'association se rencontre presque uniquement dans les espèces inférieures, ou du moins dans celles que nous appelons telles. Au fur et à mesure qu'on s'élève aux espèces qui se rapprochent le plus de l'espèce humaine, l'association disparaît. Pourtant tout animal est sociable avec les siens. Qui sait si l'association n'a pas existé aussi bien chez les mammifères et autres espèces animales avant l'apparition de l'homme, et si elles n'ont pas disparu précisément par suite de son avènement? Peut-être pourrait-on l'expliquer par ce fait que, parce que plus proches de nous, elles ont été l'objet d'une concurrence fratricide et ont été massacrées, ou réduites à l'état d'esclaves, ou dispersées et sont alors retournées à l'individualisme, comme les tribus des Peaux Rouges ou des Canaques, ou comme celles des castors, lesquelles ont déjà presque complètement disparu.

En tous cas, les sociétés animales qui subsistent encore nous offrent un admirable exemple du chacun pour tous, dont je parlais tout à l'heure. Où est-il mieux réalisé que dans la ruche de l'abeille? On peut dire qu'il y est poussé un peu trop loin et a dépassé la mesure; non seulement la ruche vit pour l'abeille mais il semble que l'abeille n'ait de raison d'être que la ruche. Nous ne voudrions pas d'une ruche humaine où l'homme ne vécût que pour la ruche. Il faut, au contraire, que la société soit un moyen pour former des hommes, pour créer des personnalités plus fortes et plus riches dans tous les sens de ce mot, économiquement et moralement. Sans doute elles deviennent de plus en plus dépendantes les unes des autres mais dépendance ne signifie pas appauvrissement quand elle est réciproque et que chacun est appelé à recevoir d'autrui autant et plus qu'il lui donne. C'est peut-être parce que dans la ruche l'abeille est complètement sacrifiée à la ruche, c'est peut-être précisément pour cela que la ruche n'a jamais progressé et que depuis que nous la connaissons elle est restée immuable.

La nation, la commune, sont bien des associations, naturelles aussi, et obligatoires en ce sens qu'elles résultent d'un simple fait, la communauté de résidence dans un même lieu, comme celles des animaux qui ne semblent pas en connaître d'autres. Mais pour les hommes il y a aussi les associations qui résultent d'un libre choix et ne groupent que les bonnes volontés. Elles n'en sont pas moins, elles aussi, les représentants et les organes d'intérêts supérieurs aux intérêts individuels. Sans doute il leur arrive trop souvent, comme aux ententes industrielles ou aux corporations ouvrières, de remplacer les intérêts individuels par des intérêts professionnels, ou même des intérêts de classe, et dans ce cas elles se trouvent aussi en conflit avec l'intérêt public. Mais pourtant, sans parler des associations dont le champ d'action est en dehors de l'économie politique — de celles qui représentent la bienfaisance, la science, les arts, la religion, toute activité désintéressée, et qui dans la langue juridique portent ce beau nom d'associations « sans but lucratif » — et à nous en tenir aux trois grands types de l'association dans l'ordre économique qui sont le Syndicat, la Coopérative et la Mutualité, nous voyons que chacune d'elles a pour but de lutter contre tel ou tel des abus que peut engendrer l'expansion de l'intérêt individuel, et par là devient l'organe de l'intérêt social, tout aussi bien que l'État et généralement avec une action plus efficace.

L'association coopérative, sous la forme de société de consommation, de crédit ou de construction, vise à abolir non l'intérêt mais l'usure, non la juste rémunération du travail de direction mais le profit en tant que celui-ci n'est que le résultat d'un monopole ou de la chance, et par là elle tend à éliminer le parasitisme et à réaliser le juste prix.

L'association syndicale vise à l'abolition du salariat, en entendant par là le régime qui place le travail sous la domination du capital, pour en faire un simple instrument de production sans participation directe à la direction des ntreprises au service desquelles il se trouve enrôlé ni à leurs fruits.

L'association mutuelle, plus modeste dans ses vues, cherche seulement à atténuer les rigueurs du régime économique actuel pour ceux qui n'ont pas eu la chance de trouver en naissant un capital ou qui n'ont pas su le gagner, en leur donnant à la place les garanties d'une assurance collective.

L'éveil, le développement grandissant de cette conscience sociale à côté de l'égoïsme individuel, qu'elle arrive à dominer peu à peu, est un des beaux spectacles de l'histoire. Elle ne se manifeste pas seulement par l'intervention de l'Etat qui crie halte-là! à l'intérêt individuel lorsque celui-ci risque de porter atteinte à l'intérêt général et dont nous avons cité maintes applications en ce qui concerne la propriété individuelle, mais aussi par tous les efforts privés organisés en vue du bien de tous.

Mais exposer les caractères et le fonctionnement de ces institutions ce serait sortir de l'Economie politique proprement dite pour entrer dans le domaine de l'Economie sociale, laquelle a pour but de réagir contre la fatalité des lois naturelles : c'est un autre ordre de faits (1). Arrêtons-nous donc ici.

(1) Voir notre livre *Les Institutions de Progrès Social.*

TABLE DES MATIERES

CHAPITRE III

La Monnaie

CHAPITRE IV

La Propriété et l'Hérédité

CHAPITRE V

Le Fermage et le Prêt à intérêt

CHAPITRE VI

Le Salariat et le Profit

CHAPITRE VII

La Concurrence et la Coopération

Association Linotypiste, 23, rue Turgot, Paris 9e

www.ingramcontent.com/pod-product-compliance
Ingram Content Group UK Ltd.
Pitfield, Milton Keynes, MK11 3LW, UK
UKHW021929070726
13614UKWH00001B/333